Mulheres em Uníssono

YASMIN PARLANDIN

Ilustrações de BEATRIZ CORDEIRO

LETRAMENTO

Copyright © 2020 by Editora Letramento
Copyright © 2020 by Yasmin Parlandin

DIRETOR EDITORIAL | Gustavo Abreu
DIRETOR ADMINISTRATIVO | Júnior Gaudereto
DIRETOR FINANCEIRO | Cláudio Macedo
LOGÍSTICA | Vinícius Santiago
COMUNICAÇÃO E MARKETING | Giulia Staar
EDITORA | Laura Brand
ASSISTENTE EDITORIAL | Carolina Fonseca
DESIGNER EDITORIAL | Gustavo Zeferino e Luís Otávio Ferreira
CAPA | Gustavo Zeferino
ILUSTRAÇÕES | Beatriz Cordeiro
REVISÃO | Ana Death
DIAGRAMAÇÃO | Isabela Brandão

Todos os direitos reservados.
Não é permitida a reprodução desta obra sem
aprovação do Grupo Editorial Letramento.

Dados Internacionais de Catalogação na Publicação (CIP) de acordo com ISBD

P252m	Parlandin, Yasmin
	Mulheres em uníssono / Yasmin Parlandin. - Belo Horizonte, MG : Letramento, 2020.
	192 p. : il. ; 14cm x 21cm.
	Inclui índice.
	ISBN: 978-65-86025-38-5
	1. Mulheres. 2. Machismo. 3. Feminismo. I. Título.
2020-1597	CDD 305.42
	CDU 396

Elaborado por Vagner Rodolfo da Silva - CRB-8/9410

Índice para catálogo sistemático:
1. Feminismo 305.42
2. Feminismo 396

Belo Horizonte - MG
Rua Magnólia, 1086
Bairro Caiçara
CEP 30770-020
Fone 31 3327-5771
contato@editoraletramento.com.br
editoraletramento.com.br
casadodireito.com

"Tudo de mais bonito que haverá em você será resultado proveniente da sua capacidade de amar as suas particularidades."

PALAVRA DA AUTORA

Durante a minha vida estive ao lado de pessoas que afirmaram a mim, em algum momento, por meio de diálogos francos e sinceros, que não entendiam o feminismo. Que não compreendiam o que o movimento busca e que o consideravam radical. Mas, quando eu as questionava sobre o que configuraria esse radicalismo, muitas não sabiam explicar ao certo. Outras, por sua vez, citavam protestos extremistas que incluíam alusão ao aborto e discursos agressivos sobre os homens.

E ainda, havia aquelas mulheres que diziam, com muito orgulho, não defenderem o movimento feminista porque não precisavam dele para nada – "em vez de ficar discursando por aí sobre machismo ou sobre feminismo, eu prefiro viver a minha vida, trabalhar, estudar, realizar meus projetos e não defender nenhum dos dois lados dessa briga." Diziam elas.

Um equívoco. Um grande equívoco que tem como um de seus pilares a imagem midiática comumente atribuída ao feminismo, que induz a grande massa da população a odiá-lo. É por isso que precisamos construir, cada vez mais, materiais que funcionem como mecanismos de conhecimento e conscientização sobre os reais conceitos feministas e o que estes conceitos buscam alcançar.

Você já pensou sobre o fato de que os cargos de liderança das empresas midiáticas – bem como de tantas outras empresas, vale dizer – na maioria das vezes, são ocupados por homens? Homens que enxergam, na disseminação do ódio ao feminismo pela comunidade feminina, a oportunidade de reforçar padrões ideológicos que distinguem mulheres em dois grupos: as conformadas e as surtadas.

E assim, vinculam esse reforço às mídias notícias femistas (movimento que trata do sexo feminino em superioridade com relação ao sexo oposto, sem equidade, como no machismo) somadas a uma boa dose de sensacionalismo, afirmando que o feminismo é algo ruim e que, ao invés de refletir efeito de união, reflete efeito de segregação.

O machismo quer dominar as mulheres. Suas atitudes, suas roupas, seus comportamentos e até mesmo seus raciocínios. Como atingir uma mulher, positivamente, sem utilizar os discursos padrão sobre feminismo? Discursos esses que são muito eficazes, sim. Eficazes ao grupo de mulheres que pode até não se dedicar a estudar sobre o feminismo, mas que também não se dedica a odiá-lo. Porém, o que fazer para tentar conscientizar o outro grupo de mulheres?

Isto é, mulheres que já estão ideologicamente convencidas de que o feminismo é algo a se equiparar ao machismo. Que promove violência, desrespeito e superioridade sobre o sexo oposto. Como atingir a conscientização de mulheres que fazem questão de se manter longe de qualquer conteúdo feminista, devido ao preconceito enraizado na sociedade quanto a algo que, em essência, visa apenas à equidade entre os gêneros? Como promover uma consciência pessoal sobre a importância da sororidade, utilizando apenas palavras como mecanismo para isso?

Pois bem, a minha tentativa de realizar esse feito está em suas mãos agora. "Mulheres em Uníssono" não é um livro que discursa diretamente sobre os conceitos primordiais e a filosofia feminista crua, mas é um livro que trata dessa filosofia e desses conceitos enquanto demonstra todos esses fatores inseridos em situações práticas. Através de histórias ou discursos de mulheres que se diferem entre as suas características particulares de vida, mas que têm em comum as dificuldades e os desafios atribuídos à posição de uma mulher nesta sociedade predominantemente patriarcal e machista.

Portanto, nesse segundo projeto de minha carreira como autora, resolvi construir um livro que representasse o meu mais sincero manifesto. Minha contribuição prática, palpável e legível ao movimento feminista, mas servindo-me como um mecanismo diferenciado para buscar a conscientização da sociedade quanto à importância do movimento.

Com isso, minha meta é atingir mães que não compreendem o comportamento feminista de suas filhas, pais que, apesar de amarem suas filhas, acabam por propagar o machismo dentro de suas casas sem ter a consciência do quanto tal postura é prejudicial, avós e avôs que amam as suas netas, que buscam compreendê-las, e que, apesar da expressiva diferença de idades, aceitam serem apresentados a um novo cenário social.

Portanto, nestas páginas você vai encontrar textos que contam histórias ou expõem posicionamentos femininos sob os mais variados ângulos. Por meio da de narrativas que descrevem os dramas, as emoções e os sentimentos vividos por mulheres que estão distribuídas entre estas páginas – mulheres estas que, sobrepõem às suas diferenças, a potência da única voz capaz de defender todas elas em igualdade: o feminismo.

São mulheres em uníssono.

Com muita alegria e com o coração cheio de satisfação, entrego este novo trabalho. E mais uma vez, agradeço aos meus leitores – aos que me acompanham desde o primeiro livro, e aos que estão chegando agora – por sustentarem o hábito da leitura nesta época e neste país, e assim, fortalecerem o sonho de jovens escritores como eu, em seu desejo de transformar realidades mediante a potência das palavras.

Portanto, mais uma vez, minha gratidão fica registrada aqui. Muito obrigada! Vamos navegar juntos?

SUMÁRIO

Para minha amada Maria   11

No Busão   15

Eles temem a nossa voz   17

A menina do olhar brilhante   21

Mulheres também falam sobre sexo   25

Donos do meu ventre   29

Sobre as curvas de Bianca   35

Joguei no lixo os padrões sobre feminilidade   43

Não sou suficiente pra você?   47

A culpa é do machismo   51

Jogue suas tranças   57

Casamento ou descontentamento?   61

Carta às mulheres do futuro   64

A prática do patriarcado   66

Liberdade até que ponto?   72

Assassinato à liberdade   76

A viúva alegre   85

Aqui não cabe o abuso   89

Pra casar X Pra transar   93

Você precisa pensar fora da caixa   101

Rebelde, selvagem, sem modos   107

Virgindade   110

O que é ser mulher?   115

Quem mandou abrir as pernas?   119

Mãe: uma sentença   125

As consequências são reais   128

A mulher em evidência   132

O tal pecado   137

O papel do homem no feminismo   143

A autodestruição feminina   149

Qual valor é atribuído ao sangue feminino derramado?   152

Seis no mesmo mês ou um de cada vez   155

Menino veste azul e menina veste rosa   159

Seja uma mulher que levanta outras mulheres   165

A verdadeira magia feminina   169

Me admire além do meu corpo   173

A hierarquia machista   177

Eu sei que sou imperfeita   181

Carta aos pais e mães   183

Mulher Resiliente   187

Nota final   191

PARA MINHA
AMADA MARIA

"Querida Maria,
Pelo que me contas, percebo que por aí tudo está a desandar. Meu bem, já está mais do que na hora de largares tudo e vires embora. Foge, Maria! Se esta carta chegar até você, por favor, peço-te que me envie um sinal o mais rápido possível. Do contrário, seu silêncio responderá que tudo está perdido e que não devo mais me dedicar a nós e à busca por nossa felicidade.
Meu bem, eu sei o quanto é difícil. Não pense que vem de mim uma força inabalável e indestrutível, pois tal afirmativa não se sustenta. Saiba que também sofro pesares por ser diferente. Mas tudo seria mais fácil se tivéssemos uma à outra. Sei que aí na cidade, meu nome ainda é fel na boca daqueles desalmados. Sei que você sente medo de jamais poder reencontrar a sua família. Mas pense bem, Maria, enquanto você sofre, eles brindam a vida! Sua irmãzinha logo mais vai se tornar uma jovem moça, e trilhará seu próprio caminho. Seu irmão está a poucos passos de trabalhar junto ao seu pai na empresa da família, e logo mais, ele será mais um homem ocupado, sempre indisponível para trocar nem sequer duas palavras com uma mulher e seus supostos assuntos fúteis. Todos estão a se dispor como foco principal de suas vidas, e você precisa fazer o mesmo. Meu amor, viver é uma oportunidade única. E o amor é um belíssimo presente que a nós foi entregue. Não podemos desperdiçar essa chance única por medo de repressões.
Imagine que essa carta agora se transforma em meus olhos frente aos seus. Olhe bem para mim. Sinta todo o amor que a

você dedico e me responda: você acredita mesmo que nosso amor é um tenebroso pecado? Se eu lhe amo tanto! Se lhe quero tão bem! É certo que o mundo ainda é cheio de falhas, mas nós podemos atravessar a tempestade fortemente protegidas por nosso amor, se lutarmos por ele. Um dia tudo isso será algo menos misterioso, eu acredito! Porém, não sei se ainda estaremos aqui para vivenciarmos esse momento. Por isso não podemos aguardar por um futuro que não tem data definida para chegar. Tudo que temos é o hoje. É justo que nós nos disponhamos a viver décadas sustentando mentiras?

À custa de quê? Descartar um sentimento a troco de fortalecer o sustento de uma farsa social não me parece nem um pouco justo. Há mulheres que se amam! Cedo ou tarde, o mundo haverá de se acostumar com isso. Porém, como eu disse anteriormente, minha saudade não aguentará diante de tamanha espera. Por isso, é a última vez que lhe peço! Na verdade, rogo-lhe, suplicante, para que venha ser feliz ao meu lado.

Coloque poucas coisas em uma mala e fuja no primeiro trem da manhã, no horário que a cidade estiver a se levantar para mais um dia de trabalho, quando todos estiverem tomando café da manhã juntos à mesa, e fingindo, cheios de autoridade, que não existe mais nada além dos limites dessas regras que nos massacram o peito. Venha ser feliz ao meu lado! Envia-me um sinal, ainda que seja uma só palavra. Aguardo ansiosamente por seu "sim" seguido da data e do horário da sua chegada, e estarei esperando-a na estação de trem, de braços e coração abertos.

Com muito amor, e já desfalecendo de saudades,

Anna."

Esta carta foi encontrada no dia 18 de junho de 1943, ao lado do corpo ensanguentado de Maria Elizabeth Paschoal Souza, brasileira, 24 anos de idade. Esteve sujeita a um casamento arranjado, a contragosto, para que se sustentassem os negócios financeiros da família. Assim, foi ao altar e casou-se com seu tio 30 anos mais velho, Pedro Antônio Paschoal, de 54 anos de idade. Além da barganha sobre terras, a família de Maria acreditava que o tio poderia curá-la de seus "maus modos", por assim dizer. Depois de seu pai, ele era o homem mais velho da família, e estava viúvo. Maria nunca teve um só namoradinho durante a adolescência, e se dedicava aos estudos com mais intensidade do que seu pai considerava adequado para uma mulher. O casamento, ao conceito dele, era uma tentativa de ensinar a ela o que realmente estava destinado à sua vida.

Maria foi morta a facadas pelo marido, depois de se recusar a manter relações sexuais com ele. Estava sentada na cama, em meio às suas lágrimas, abraçando as próprias pernas em sinal de profundo desespero e solidão, após ter lido a carta de sua amada Anna, de quem sentia tantas saudades. Seu marido chegou ao quarto embriagado após mais uma noite de algazarras, e ao se deparar com Maria naquele estado, lhe disse que resolveria o problema de sua tristeza. Ela tentou fugir, segurou a carta sobre seu peito e desceu as escadas correndo rapidamente. Desnorteada, se deu conta que já estava na cozinha de sua casa. Seu marido foi atrás dela, prontamente. Sedento de ódio e embriagado, disse que o corpo de Maria o pertencia, e que se ela não o entregasse a ele, ele haveria de cessar de uma vez por todas quaisquer outras funcionalidades de sua vida. E assim o fez.

Puxou a maior faca do faqueiro e voltou-a contra o corpo de Maria. Uma, duas, três, oito vezes, para lhe contar com exatidão. E assim se fez o silêncio para mais uma jovem mulher que morreu simplesmente por ser mulher. Por ser mulher, e devido a isso, teve seu direito à liberdade social, intelectual, afetiva e sexual restringido pelas monstruosidades do machismo.

O marido? Fugiu e se ausentou por algum tempo, até que a cidade inteira pudesse encontrar um novo motivo para se distrair e projetar seus murmúrios pelas esquinas. A polícia da pequena cidade? Jamais se movimentaria para averiguar a morte de uma mulher que claramente foi executada pelo próprio marido. Com certeza ele haveria de ter tido sérios motivos para uma atitude tão drástica. A mãe de Maria? Em prantos se colocou diante do túmulo de sua filha, levando uma rosa branca a cada mês posterior a sua morte, durante o longo primeiro ano sem a presença de sua amada filha. Nada mais poderia fazer além disso, ou ela teria o mesmo fim.

Maria foi silenciada pela crueldade da misoginia, antes mesmo que este conceito estivesse de fato concretizado. E ela não foi a única. Não foi a primeira e, infelizmente, também não foi a última mulher violentada, estrangulada, estuprada, humilhada, esfaqueada, assassinada. Maria foi mais uma entre tantas mulheres silenciadas brutalmente, do passado aos dias atuais.

Por isso, por Maria e por todas as outras, continuaremos a exercer o papel de resistência a toda essa violência. Continuaremos dispostas a contar nossas histórias, a lutar por nossos direitos, a escrever livros e a amplificar a potência da nossa voz. Até o dia em que mais nenhuma mulher estiver sendo humilhada, presa, encarcerada em um casamento a contragosto ou em quaisquer outras situações sufocantes que retirem de si a sua liberdade plena.

Nós somos livres para sermos quem quisermos ser. Somos livres para amar a quem quisermos. Somos mulheres. Somos humanas. E ninguém mais poderá nos calar. Pois, onde uma voz estiver sido tragicamente silenciada... Em seu lugar, mil vozes estarão a gritar! Protestando a favor da nossa liberdade completa de: ser, viver, amar e estar.

NO BUSÃO

São quase sete da manhã, mas aqui não faz frio. No máximo um maior frescor presente no ar. Coloco os pés para fora de casa e já começo a perceber alguns detalhes do mundo ao meu redor. Então, respiro fundo e fixo meu olhar no horizonte. Meus passos não são apenas meros movimentos com os pés, levo com eles todos os meus sonhos. E toda a força necessária para torná-los realidade. Para tanto, preciso dar passos firmes. Os problemas de casa devem ficar da porta para dentro. Da porta para fora, todos os dias, recomeça a minha intensa caminhada em busca das conquistas de que preciso. Eu sou mais uma dentre tantas mulheres brasileiras que dispõem toda a sua energia a se tornarem maiores do que as desestimulantes estatísticas sobre desigualdade.

Caminho até o ponto de ônibus para aguardar pela condução. Com o ônibus 316[1] à vista, a jornada está prestes a recomeçar. Acabei por desenvolver uma espécie de carinho pela linha de ônibus que utilizo diariamente. Afinal, ela não me permite apenas percorrer distâncias geográficas entre meu bairro e o local onde preciso estar. Ela me permite percorrer os caminhos que se colocam entre mim e meu futuro. E eu não poderia deixar de afirmar que o fato de sair da minha periferia, levando meus sonhos para aquele bairro de classe média alta é algo muito inspirador.

Estou dentro da parcela da população periférica que encontrou mecanismos para tentar transformar a sua realidade. Para mostrar que, dentro da periferia, existem sim grandes potenciais e grandes talentos. Então, todos os dias, levo comigo os meus sonhos e os de toda essa gente que não teve oportunidades iguais. Trata-se de um propósito bem maior do que unicamente estabilidade pessoal. É sobre toda a representatividade envolvida.

A multiplicidade de sons durante o caminho, no ônibus, representa a luta diária de um povo que se esforça para seguir em frente, apesar de todas as adversidades. Basta que se faça uma breve observação para que seja possível mencionar algumas características interessantes: Existem aqueles mais comedidos, cuja expressão é instigante... seriedade profunda e silêncio absoluto. Outros entram no coletivo já desejando bom dia para o motorista, para o cobrador e para todos os passageiros por quem passam. Alguns fixam o olhar para a rua, através da janela. Do que se constroem aqueles pensamentos tão densos? Quem foi deixado aquele dia?

Mulheres uniformizadas e estudantes com suas mochilas a tiracolo enchem o corredor do ônibus, prontos para mais um dia de trabalho e de estudo. As mulheres tentam manter a aparência em ordem enquanto fogem dos corpos invasivos de alguns homens que insistem em apertar-se contra elas dentro do transporte público, de maneira claramente exagerada e desrespeitosa. Sim, não é nada fácil. Mas nós seguimos de pé, como grandes fortalezas, extremamente resistentes.

Afinal,

"Sonhar é o primeiro passo para realizar."

Vou repetindo esse pensamento enquanto desço do ônibus lotado, e preciso me preocupar com meu corpo, para que não seja tocado sem a minha permissão. Caminho novamente, a passos firmes e ligeiros, um após o outro. Atenção redobrada, afinal, um assalto é a menor das violências que podem vir a acometer uma mulher que está andando sozinha na rua. Infelizmente, sabemos que estamos sujeitas às piores crueldades. Mas o medo não pode ser capaz de nos impedir de seguir nossos caminhos.

Finalmente, chego ao meu destino. O som da catraca girando na entrada da faculdade significa o início de mais um capítulo da minha história de resistência. E como sou feliz por poder escrever mais esse capítulo!

Por mim, por elas, por nós, seguiremos em frente. Adiante, sempre!

ELES TEMEM A
NOSSA VOZ

"Não serei interrompida. Não aturo interrompimento dos vereadores dessa casa. Não aturarei o cidadão que veio aqui e não sabe ouvir a posição de uma mulher eleita!"

A frase acima é construída pelas palavras ditas por Marielle Franco, vereadora do Rio de Janeiro, em seu último discurso no plenário da Câmara dos Vereadores da cidade, que aconteceu dia 8 de março, Dia Internacional da Mulher. O significado por trás da violência que matou Marielle Franco é claro: o mundo parece não estar preparado para receber a potência da força oriunda de mulheres que não temem escancarar a sua voz.

Mas a violência jamais será capaz de silenciar a sedenta necessidade das mulheres pela afirmação resistente sobre tudo aquilo que é nosso, por direito. Inclusive sobre o direito de voz, de fala, de ação. O mundo deverá, de uma vez por todas, aprender a associar à voz feminina a relevância merecida.

A misoginia e a violência contra a mulher são realidades inquestionáveis. Acontecem diariamente, debaixo de nossos narizes, à frente de nossos olhos. E os autores dessa postura de ódio e violência contam com o sucesso do processo de estabelecimento de um silêncio opressor, para continuarem destruindo a vida das mulheres. Afinal, o silêncio de uma mulher forte é interessante para eles.

O fato é que Marielle foi calada eternamente. Não há como reverter essa tragédia. E assim como Marielle, Dona Emília foi calada eternamente. Cecília foi calada eternamente. E entre as histórias de suas mortes, há algo em comum: foram mulheres que desafiaram a opressão e tomaram postura firme diante das tentativas de limitação do machismo. E, feito isso, foram sentenciadas com o trágico fim de suas vidas.

Dona Emília morreu após ser espancada por seu marido, que descobriu que ela não estava fazendo ação voluntária na igreja todas as noites, e sim, frequentando uma escola. Cecília foi assassinada pelo namorado, simplesmente porque ele viu a mensagem de "Parabéns!" seguida de uma singela figura de coração, desenhada por seu professor, ao lado de sua nota 10 na prova final da faculdade. A discussão dos dois terminou quando seu namorado, transtornado, disse-lhe que não aceitaria traições e a estrangulou com suas próprias mãos. Motivos banais que, aos olhos de homens agressivos, tornaram-se suficientes para que fossem cessadas as vidas dessas mulheres.

Não, não são apenas homicídios. Feminicídio é o termo utilizado para determinar o crime de assassinato cometido contra mulheres, pelo simples fato de serem mulheres. Ou seja, uma violência não justificável, um crime cometido na intenção de deter a evolução e a liberdade feminina. O marido de dona Emília foi detido, e disse à polícia que sua mulher não poderia estudar, pois muito em breve haveria de começar a procurar um emprego, e ele não aceitaria uma mulher que trabalha e que ganha seu próprio dinheiro. Nas palavras dele: "Mulher com dinheiro no bolso logo fica cheia de caraminholas na cabeça". Como ele decidiu resolver essa situação? Acabando de vez com a vida dela. Se essa história não lhe remete a um profundo sentimento de indignação, precisamos conversar.

A sociedade construiu-se a partir de uma estrutura machista que segue, até hoje, destruindo a vida de mulheres de todas as idades. Quantas meninas estão sendo caladas por suas famílias? Por acreditarem que uma mulher não tem capacidades válidas ou que o papel de ser precursora de ações transformadoras não corresponde às funções atribuídas ao sexo feminino.

É preciso agir. O sangue derramado de cada mulher calada deve servir como combustível para aquelas que ficaram. Se em algum momento o temor se fizer maior do que a coragem, devemos lembrar quantas de nós já se foram para que alcançássemos direitos que hoje têm seus significados por vezes esquecidos, diante do frenético ritmo do dia-a-dia. Mas, sim, se hoje uma mulher pode dirigir, estudar, trabalhar, sonhar e construir sua própria história, certamente muitas mulheres já morreram previamente para que essas conquistas se tornassem objetos de prática diária.

Nenhuma mulher deverá reduzir a intensidade de seus sonhos, oprimida pela hostilidade do machismo. Os discursos permanecerão ativos, ainda que milhões de dedos estejam sendo apontados para nós. Somos obrigadas a ouvir julgamentos acerca de nossos posicionamentos, de nossas escolhas e de tudo que diz respeito a nossas vidas. Das ações em sociedade às escolhas pessoais, o mundo parece estar disposto a não somente opinar, como também a ordenar e direcionar aquilo que eles julgam ser correto para as mulheres. Porém, definitivamente, nós não somos obrigadas a acatar todas as ordens e permanecer em silêncio. E a beleza intrínseca neste fato é a grande consciência que a comunidade feminina vem demonstrando adotar acerca dessa afirmativa.

Ninguém mais calará a voz de mulheres que se uniram e juntas descobriram que podem ser o que quiserem. Amar a quem quiserem. Andar onde quiserem. Trabalhar como quiserem.

Apesar dos resquícios das correntes limitadoras que ainda nos cercam, e que ainda atingem algumas de nós, a liberdade feminina está constituída e lutaremos para a sua permanência por toda a eternidade.

A MENINA DO OLHAR
BRILHANTE

Recentemente viajei para Pernambuco junto ao meu grupo de pesquisa. Fomos recolher amostras da vegetação para estudos posteriores, e analisar o estado dos cenários da Caatinga. Enquanto colhíamos algumas amostras em uma área bem próxima a um vilarejo, era possível ouvir o som das vozes dos meninos brincando juntos.

Eu estava concentrada, fazendo algumas anotações e fotografando, quando notei que estava sendo observada por alguém a uma certa distância. Olhinhos minuciosamente atentos a cada movimento que eu produzia. Percebi que se tratava de uma menina. Pouca idade, acredito que tinha no máximo uns 10 anos.

– Olá! Tudo bem com você? Está aí tão quieta – indaguei.

– Oi, tia. O que cê tá fazendo aí? – ela respondeu. Desconfiada, porém igualmente curiosa, ela se aproximou para observar meu trabalho mais de perto.

– Estou fotografando esse cacto e colhendo amostras para analisá-lo no microscópio do meu laboratório – respondi, olhando fixamente para ela.

A sua expressão ao ouvir a resposta demonstrou que ela não entendia exatamente o significado da frase "analisá-lo no microscópio", mas considerou como algo suficientemente interessante para que continuasse sua atenta observação.

Entusiasmada com a atenção que a menina dedicava aos meus afazeres naquele momento, comecei a falar-lhe sobre nosso trabalho, sobre os objetivos de nossa pesquisa, sobre as múltiplas possibilidades que a natureza nos provém e sobre a grande consciência que devemos ter sobre a importância dela para a continuidade da vida. Confesso que por um momento esqueci que a sua pouca idade poderia ser um fator relevante para que ela não estivesse entendendo uma só palavra do que eu dizia.

Foi quando o sorriso largo lhe enfeitou o rosto. E em meio ao sorriso, suas palavras demonstraram profundo encantamento.

– Você é muito esperta, né, tia? Quando eu crescer, quero ser assim que nem você – disse ela.

Quando ouvi essas palavras, foi como ter voltado no tempo. Foi algo que me fez relembrar os momentos que passava junto de minha avó na cozinha de sua casa na fazenda, enquanto ela preparava os doces em compota que vendia nas feiras dominicais da cidade mais próxima. Minha avó sempre me dizia que desejava que eu construísse um futuro diferente do dela. Que eu deveria ser uma menina esforçada e estudiosa, para que tivesse meus próprios bens e para que pudesse dedicar meu tempo a coisas mais importantes do que fazer doces para vender na feira.

Mal sabia ela que para mim, ela era a doutora das compotas! E que nossos momentos ao redor da mesa enchiam meu coração de paz. Eu passava horas conversando com vovó, e a cada nova visita eu dizia a ela que queria ser alguém diferente. Nas férias de julho eu queria ser médica, nas férias de fim de ano eu queria ser atriz. E a minha avó sempre apoiava cada um dos meus sonhos.

Retornei a atenção à menininha:

– Você também me parece ser bastante esperta – eu disse a ela.

Sorridente, ela permaneceu a me fazer companhia enquanto eu continuei meu trabalho, até que fomos interrompidas pelo som de uma voz feminina, adulta, gritando: "Leínha, Leínha, minha filha! Venha ajudar a sua mãe com a trouxa de roupas!"

Rapidamente, a garotinha, de nome Leínha, mudou sua postura. Em um pequeno salto causado pela surpresa de ouvir aquela voz, dispôs seu pequeno corpo de forma ereta, em sinal de total atenção às palavras de sua mãe. Surpreendeu-me com um abraço repentino, e eu não soube muito bem como retribui-lo diante de tamanha pureza e sinceridade daquele gesto de carinho vindo de uma criança tão doce e curiosa.

– Tchau, tia! – disse ela, correndo entre a vegetação até chegar à área de terra batida onde alguns meninos brincavam juntos usando uma velha bola de futebol.

E a cena seguinte me faz refletir até hoje: Ela passou rapidamente entre aqueles meninos que aparentemente tinham idades próximas à dela, e que estavam brincando livremente, como crianças, como deve ser. De longe, pude vê-la juntando-se à mãe nas tarefas domésticas, sozinha. Nenhum dos meninos a acompanhou, ainda que eu pudesse jurar que algum entre aqueles garotos certamente era seu irmão. Mas, me parece que ali, lavar as roupas de toda a família é trabalho exclusivo das mulheres.

Me pergunto... Quantas outras meninas estão espalhadas por esse país e se encontram na mesma situação? No mesmo cenário, hostil a qualquer nível de desenvolvimento intelectual? Quantos talentos estão sendo perdidos pelo mundo?

Quantos países dispõem de garotinhas como Leínha para se casarem com homens absurdamente mais velhos, antes mesmo que elas atinjam a idade necessária para desenvolver consciência suficiente? Consciência ao ponto de se tornarem mulheres aptas a fazer escolhas sobre suas vidas, suas histórias e seus corpos? Quantas meninas, mundo afora, precisam se despedir de seus sonhos de infância por serem obrigadas a viver de maneira adulta tão precocemente?

Na próxima semana, participarei de uma ação feminista na Avenida Paulista. Eu e outras mulheres vamos nos reunir, e estenderemos, em meio às calçadas da avenida, pôsteres com resumos sobre nossos trabalhos acadêmicos.

São professoras, médicas, biólogas, jornalistas, enfim, mulheres das mais diversas áreas profissionais. Unidas com o intuito de espalhar a mensagem de que as mulheres podem sim, ser grandes em tudo aquilo que se dispuserem a fazer! Nosso trabalho é feito a pequenos passos, eu sei. E alvo de inúmeras críticas. Mas acredito veementemente que mesmo a pequenos passos, é possível construir uma bela caminhada. A transformação precisa acontecer, independentemente do ritmo. Qualquer estado de movimento que seja minimamente superior à inércia deve ser considerado.

O sorriso puro e cheio de esperança de Leínha ficará eternamente guardado em meu coração. Sempre que a batalha estiver árdua demais, eu me lembrarei dela, e de todas as outras meninas que precisam que nós façamos o trabalho pesado para que se abram novas portas para as futuras gerações.

Nada disso é a troco de qualquer coisa. Nada disso é em vão. A cada dia sinto mais certeza de que nós colocamos sementes dentro do coração de meninas que, ao se depararem com nossos feitos, acreditam que elas também são perfeitamente capazes de florescer.

Portanto, devemos persistir para avançar. E por todas elas, devemos resistir para conquistar.

MULHERES TAMBÉM
FALAM SOBRE SEXO

Ontem aconteceu algo curioso na faculdade. Estava sentada com minhas amigas, ao redor de uma mesa na cantina do campus, e a Joana começou a nos contar que foi à consulta com a ginecologista e após fazer alguns exames, foi constatado que ela estava com um problema na flora vaginal e precisaria tratar. No protocolo do tratamento, estava em abstinência sexual de um mês. E, na leveza da nossa conversa despretensiosa, o assunto tornou-se motivo de risadas entre nós.

– Não vai deixar seu namorado enlouquecido, coitado! – eu disse, sorrindo.

– É verdade Jô, vê se não insiste nada com ele, ou então, mesmo querendo que você se recupere, ele vai ceder. E aí o tratamento vai ter que começar de novo – Bia disse, em um tom de preocupação.

– Ai, gente, vai ser difícil, olha! Mas eu prometo que vou tentar, pela nossa saúde! – disse Joana, entre gargalhadas.

E assim estávamos todas nós, entre risos, quando Pedro, nosso colega de turma, aproximou-se e sentou-se junto à mesa. Nós não nos sentimos incomodadas com a presença dele em meio à nossa conversa, afinal, ele era amigo próximo em nosso convívio na faculdade. Sempre fazíamos trabalhos juntos. Logo, prosseguimos com o assunto normalmente. Mas não demorou muito para que ele percebesse o teor de nossa conversa, e então lançou a frase:

– Meu Deus! Várias mulheres tão inteligentes, futuros tão promissores, grandes alunas, falando essas coisas abertamente no meio da cantina da faculdade! Que feio, meninas.

Minhas amigas imediatamente mudaram suas expressões. A leveza exposta em seus rostos foi substituída por uma expressão que demonstrava total indignação acerca daquele comentário. E eu particularmente, senti vontade de rir! Falando sério, até quando a sexualidade feminina será colocada como tabu? Pois bem, por acaso as mulheres servem como fantoches para que os homens hétero exerçam a sua sexualidade plenamente, e sem maiores preocupações no que diz respeito à mulher que está junto dele, compartilhando o ato?

Não mesmo! Mulheres têm sim, suas preferências, suas escolhas e seus desejos sexuais muito bem delineados. O que se difere é o fato de que somos oprimidas e não demonstramos essas características com clareza. E essa opressão por vezes resulta em uma atividade sexual estressante para as mulheres. Algo pouco interessante, em que apenas o sexo masculino se sente satisfeito. Fomos ensinadas a fingir sensações no momento do sexo, para que se preserve o santificado ego masculino. Por vezes carregamos nas costas as frustrações de um relacionamento no qual o sexo não é saudável para nós, e subconscientemente atribuímos a nós todos os possíveis motivos precursores da descompensação do relacionamento.

Quem sofre com tudo isso? Apenas as mulheres. Nós não devemos auxiliar na construção desse castelo que é o ego masculino, utilizando a nossa plenitude sexual como pilar de sustentação para esse projeto arquitetônico individualista. A sexualidade feminina deve ser libertada de tantos tabus limitantes.

Apesar desse cenário apresentar-se tão fortemente estabelecido, a mulher não se resume à função de objeto sexual de satisfação masculina absoluta. Basta fazer uma breve análise para que se constate a existência desse cenário de mercantilização do corpo feminino, que reduz a natural complexidade relacionada à existência humana ao minúsculo papel de dedicação sexual intensiva com a finalidade de promover a total satisfação do sexo oposto.

Dia desses eu estava assistindo a uma programação na televisão e, em um dado momento, uma cantora iniciou a sua performance no palco. Junto dela, dois casais de dançarinos. Seus figurinos me chamaram muito a atenção, porque as mulheres estavam usando shorts curtíssimos – se é que aquilo pode ser chamado de shorts, mais parecia uma lingerie – somados a top croppeds que deixavam metade da barriga à mostra. Já os homens usavam camisetas e calças que cobriam praticamente todo seu corpo.

Mais uma vez, o corpo feminino sendo utilizado para promover audiência. Ok, se o intuito é mostrar sensualidade na dança, por que os homens também não estavam mostrando seus corpos? Não, o exibicionismo apelativo dispõe-se somente acerca do sexo feminino, que durante a dança, praticava movimentos que promoviam uma alusão à submissão feminina sob o sexo masculino.

Embasada nessa postura social machista que reduz às funções femininas o papel de promover a satisfação sexual de homens, constrói-se um enorme preconceito acerca do que se refere às preferências sexuais femininas e aos detalhes atribuídos ao estabelecimento da pluralidade desta sexualidade.

Mulheres também gostam de sexo. E olha só, nem todas gostam de homem. O que abre uma janela ainda maior no quesito sexualidade feminina, partindo do princípio de que esse tema não se resume à prática do sexo heterossexual. Então, chegamos à conclusão de que a sexualidade feminina não é um assunto básico e pequeno.

E precisamos falar sobre sexo, sim. Precisamos adotar a prática de conversar sobre esse assunto abertamente! Para que se delimitem as nossas preferências e aversões de forma cada vez mais desmistificada. Mulher também gosta de transar, e essa frase não deve ser recebida seguida de uma expressão de susto enfeitada por olhos arregalados e boca aberta.

Algumas pessoas justificam a postura sexual livre de uma mulher como motivo para que sofram assédio. Como se o fato de uma mulher dialogar tranquilamente sobre sexo representasse, automaticamente, que seu corpo está disposto a tudo e a todos, sem nenhum critério prévio.

Definitivamente, não funciona assim. Não se trata de conquistar algo em detrimento de outra coisa. Ou seja, não se trata de trocar a conquista das mulheres pela possibilidade de falar abertamente sobre sexo, por sua integridade física e psicológica.

Nós queremos tudo. Queremos ter o direito digno sobre nossos corpos, tanto quanto queremos ter o direito de dissertar sobre sexualidade de maneira livre e distante de prejulgamentos.

As mulheres contemporâneas não se contentam mais com as migalhas da evolução social. Disposto o leque de possibilidades, não mais nos restringiremos a escolher uma das opções e fechar os olhos diante de tantas outras.

Nós queremos tudo. Nós queremos todas as opções possíveis. Queremos tudo aquilo a que temos direito. Queremos falar sobre o que sentimos, trocar experiências, relatar momentos de dificuldade e de plenitude, e tudo isso sem o peso da criminalização da sexualidade feminina sobre nossas costas.

Queremos a liberdade em seu estado mais profundo e complexo possível. E continuaremos com os diálogos sem medo da opressão, até que a liberdade sexual feminina se torne uma realidade fortemente estabelecida. Afinal, mulheres também gostam de sexo. Mulheres também fazem sexo. Portanto, nada mais justo que mulheres tenham o direito de falar sobre sexo sem que a sua liberdade seja confundida com libertinagem. O mundo que se dê ao trabalho de consultar o dicionário para aprender as diferenças entre os dois conceitos.

Nós não devemos nos silenciar e nos dispor à mercê da descompensação intelectual de uma parcela da população, que insiste em nos prender às suas correntes. A palavra é li-ber-da-de.

DONOS DO MEU VENTRE

Descobri que eu estou grávida. Pois é, a menstruação estava atrasada havia dois meses, mas eu realmente só me dei conta disso agora. Estava extremamente ocupada, estressada e atarefada devido à reta final de meu curso de graduação. Minha cabeça estava tão focada no trabalho de conclusão de curso que, à primeira chance de distração e relaxamento, acabei por me empolgar mais do que deveria. Bem, naquela noite, Lucas me mandou uma mensagem, que dizia:

– Oi! Estou passando próximo da sua casa... Pensei em subir pra ver você, posso?

Eu estava realmente a fim de esquecer um pouco toda aquela carga emocional das responsabilidades acadêmicas, então eu automaticamente respondi que sim.

Quando ele chegou ao apartamento, perguntei a ele se queria beber alguma coisa. Nós nos sentamos no sofá, e então começou a dinâmica: conversa vai, conversa vem, e os copos sendo preenchidos a cada quinze minutos de papo. Enfim, nós dois bebemos mais do que deveríamos e diante daquela situação, todo o nosso conhecimento acerca de proteção sexual e responsabilidades adultas se perdeu pelo ar, junto às risadas exageradas que dávamos naquela noite.

Não posso dizer que estou chocada com a notícia, afinal, nós sabemos o que fizemos. Mas estou realmente surpresa com a minha desatenção. Como eu não haveria de ter pensado nessa possibilidade antes? Depois daquela noite, mesmo preocupada com os possíveis efeitos do dia em que fizemos sexo sem proteção, Lucas e eu nos encontramos mais duas vezes. Nessas vezes, nada de álcool. Tudo certinho, sexo protegido. Passamos a fingir que nada poderia ter dado errado sobre aquele dia, e deixamos a preocupação no passado.

Semanas se passaram e eu estava tão atarefada que nem me dei conta de que a menstruação estava atrasada. Abri o aplicativo no celular e arregalei os olhos diante dos expressivos 45 dias de atraso. Lembrei-me daquela noite com o Lucas, mas logo descartei a hipótese, pois eu não estava apresentando a sintomatologia comum ao início de uma gestação. Porém, os dias foram se passando e o número de dias de atraso na tela do aplicativo ficava cada vez mais expressivo.

Sessenta dias de atraso, nenhum sintoma. Nem um enjoo sequer. Porém, o fato é que dois meses haviam se passado e eu não poderia mais ignorar isso. Fiz o teste e me deparei com o resultado positivo.

E eu, que nunca fui mulher de me preocupar com a imagem que os outros constroem sobre mim, hoje estou aqui, sofrendo veementemente só por imaginar o meu nome rondando por entre as conversas maldosas das pessoas. O fato é que estou prestes a me formar, e agora, grávida.

Meu Deus, que sorte eu tive por ao menos ter me envolvido com um homem que não fugiu das suas responsabilidades. Nesse quesito não decepcionei a mim mesma. Tudo bem, sei que agi como uma adolescente, mas, de fato, Lucas é um cara bacana. Uma pessoa do bem. Características que não necessariamente me fariam sentir o desejo de ter um filho junto dele, é verdade. Mas, já que aconteceu, ao menos sei que ele não vai tentar escapar pela tangente. Enfim, está feito. E infelizmente, não cabe mais a mim decidir.

Quando contei a ele, a primeira reação foi o susto, claro. Logo em seguida ele disse: "Bom, devo te pedir em namoro, então?"

Eu fiquei calada por uns bons instantes, olhando fixamente para o seu rosto e imaginando que ele teve boa intenção ao fazer aquela pergunta. Mas, não, não era a minha intenção iniciar um relacionamento antes de esse fato ter ocorrido. E não seria a gravidez que me obrigaria a manter uma união com alguém.

Eu disse a ele que eu também estava assustada, afinal, o papel de gerar essa criança era meu. Era eu quem andaria por aí desfilando uma barriga de grávida enquanto busco desenvolver meus afazeres diários normalmente. O deslize proveio de nós dois, mas a responsabilidades biológicas de colocar a criança no mundo são totalmente minhas.

Logo depois que as coisas se acertaram entre mim e o Lucas – na medida do possível, mas a notícia estava dada –, fui conversar com a minha única amiga que já passou por uma gestação. Contei tudo a ela, que me ouviu concentrada, em silêncio. Quando terminei o discurso, ela me deu um abraço demorado, seguido de um suspiro intenso. O que ela disse depois, definitivamente, me fez retomar os ânimos.

– Amiga, você está assustada porque imprime em seus pensamentos um significado muito restrito sobre o que é ser mãe. Você automaticamente imagina um casal de comercial de margarina, posando feliz para as fotos com seu bebê recém-nascido no colo. E a imagem preconceituosa da mulher recém-mãe, cheia de símbolos supostamente maternais, cabelo preso, sem maquiagem, roupas monocromáticas e uns dois manequins maiores do que seu tamanho anterior à gravidez, sorrindo plenamente enquanto amamenta seu bebezinho. Mas, essa não é a única forma de exercer a maternidade – disparou ela.

Percebendo minha expressão de espanto, continuou:

– Não vou te dizer que não vai ser uma barra. Você vai descobrir que de fato, essa coisa de instinto materno não existe. Então, não conte com isso. Vá ao médico, faça o pré-natal e comece a ler, busque aprender sobre os afazeres práticos com um recém-nascido. Procure aprender sobre as coisas que você vai precisar fazer, como num curso preparatório. As pessoas não gostam de ver mulheres lidando com esses assuntos práticos da maternidade com frieza, preferem que a gente imagine que tudo é lindo e instintivo. Mas, no final, quem sofre somos nós. Portanto, seja calculista e estude sobre essas funções do dia a dia com um bebê. Isso vai te ajudar.

Foi uma longa conversa. Eu tive vontade de abrir o bloco de notas do celular e começar a anotar tudo que minha amiga estava falando, mas, em vez disso, decidi ouvi-la atentamente e de coração aberto. Quando cheguei em casa após aquele encontro, foi como se mil quilos tivessem sido retirados das minhas costas.

A Letícia é 10 anos mais velha que eu. Eu tenho 24 anos, ela tem 34 e uma filha que vai completar 2 anos ao fim deste ano. No início do segundo ano da faculdade, ela ficou grávida. Ela namorava o homem que viria a ser o pai da sua filha havia 5 anos. E mesmo que ela tivesse pouco mais de 30 anos, idade que a sociedade costuma considerar adequada para que uma mulher se torne mãe – há quem diga até mesmo que já está passando da hora –, ela também foi alvo de críticas.

Ela me disse que as pessoas a julgavam, questionando o motivo pelo qual ela não esperou mais um pouco, até se formar, para que tivesse um filho. E por que não se casou com o namorado antes de ficar grávida, afinal, já que eles estavam juntos fazia um tempo considerável, o casamento supostamente seria consequência da união?

O relato dela me fez observar que as pessoas estão sempre tentando tomar conta das vidas umas das outras. Mal conseguem estipular razões para suas próprias existências, e se dedicam ao trabalho de mensurar a maneira como as outras pessoas devem conduzir as suas vidas. Não vou perguntar quem delimitou a ordem namorar, casar e ter filhos, porque eu sei que essa configuração de vida foi definida devido a anos de prática social acerca dessa construção. Mas o mundo mudou. A maneira de se viver mudou. Não seria esperado que, devido a tantas mudanças, naturalmente surgissem novas configurações familiares? É claro que sim!

A verdade é que eu percebi que as pessoas nunca estarão totalmente satisfeitas ao se depararem com uma mulher grávida. Sempre estarão dispostas, com seus narizes empinados, a colocar defeitos acerca de um momento sobre o qual a mulher não pediu opinião.

Ou seja, se você engravida durante a adolescência, automaticamente tem que lidar com o turbilhão de julgamentos. As pessoas preferem julgar e maltratar uma menina grávida, do que realmente se dispor a ajudar a garota durante aquela situação delicada. Se você engravida do homem com quem transou algumas vezes, novamente, lá vem o turbilhão de julgamentos. E você sabe, a culpa é sempre sua, jamais dele ou pelo menos, dos dois. Não, a culpa é sua, mulher. Foi você quem quis, você quem abriu as pernas, você quem deu. É chulo, mas é o que dizem, não é mesmo?

Assim como se você está namorando há vários anos e engravida em um determinado período da vida que as pessoas julgam ser impróprio para uma gravidez, quem aparece de novo? Acertou quem pensou "os julgadores". Ou seja, parece que nunca há uma ocasião que se encaixe nos quesitos ideais impostos pela sociedade, quando se trata da vida de uma mulher que engravida fora de um cenário programado.

Sim, eu estou com medo. Estou com medo por tudo que terei que aprender agora. Estou com medo porque nunca lidei com um bebê antes, e a Letícia tem razão, eu sempre associei a maternidade um conjunto familiar padrão de maneira automática.

Mas, apesar do medo, nossa conversa fez com que surgisse em mim um pouquinho de autoconfiança. Essa é a minha vida, a minha história, e quem dá as cartas por aqui sou eu. Além do mais, duvido que o Lucas esteja passando por qualquer coisa parecida com uma dessas minhas crises existenciais. Provavelmente ele foi beber com os amigos para comemorar o fato de que seria pai.

Portanto, eu digo a mim mesma: levanta a cabeça, mulher! Vai dar tudo certo. A verdade é que os outros nunca estarão satisfeitos. Sempre estarão dispostos a opinar sobre tudo, sem nem sequer terem sido convidados a expor suas opiniões.

Eles querem ordenar quando devemos namorar, quando devemos transar, em que momento da vida devemos ser mães. E quando as coisas saem dos nossos eixos, são os primeiros a nos apontar seus dedos. No entanto, no momento das dificuldades, absolutamente nenhum deles se dispõe a prestar qualquer tipo de ajuda.

Ou seja, é você por você. No caso, eu por mim. E eu e Lucas, juntos, por essa criança que vai nascer. Que não tem culpa de nada, que não conhece as predefinições dessa sociedade julgadora e que não merece nascer em meio a tanta insegurança. Eu não sei se ela terá a família perfeita, mas, quem tem, não é mesmo? O que eu sei é que nós dois estaremos dispostos a exercer os nossos papéis na vida dela, da melhor maneira possível.

Não preciso da aprovação de ninguém. Isso não é mais sobre quem teve ou deixou de ter culpa. Isso é sobre agarrar o desafio com todo amor e esperança que existem em meu coração. Eu acredito que serei capaz de ser mãe. Não porque sou mulher e estou predisposta geneticamente para exercer esse papel. E sim porque sou mulher, e serei suficientemente forte para aprender tudo aquilo que for necessário para tal.

SOBRE AS CURVAS DE BIANCA

Bianca era demais. Linda demais, inteligente demais. As vezes tinha total certeza disso, outras vezes se desfazia em lágrimas devido a inseguranças. Em janeiro do ano passado, ela conheceu um carinha no curso de inglês. Alto, corpo atlético, todo alternativo, usava dreads no cabelo e tinha várias tatuagens. Ficou encantada por ele, então foi se aproximando devagar, jogando charme e demonstrando interesse.

Quando estavam eventualmente sozinhos, ele respondia às investidas dela. Mas, quando estavam junto ao resto da turma, ele a tratava com um claro desinteresse. Ela supôs que essa discrepância entre comportamentos deveria ser explicada pelo fato de que talvez, apesar da sua postura descontraída, ele pudesse ser um cara essencialmente tímido. Então, deu de ombros e prosseguiu alimentando a paixonite pelo seu crush.

Um dia, ao fim da aula de inglês, Bianca estava sentada no hall de entrada, pedindo um carro pelo aplicativo de celular para ir para casa. Foi quando ele pareceu. Estava sozinho, e disse:

– E aí, Bianca! Tranquilo? Vai fazer alguma coisa agora? – ele perguntou.

– Na verdade, não, estou só pedindo um carro para ir para casa – ela respondeu.

— Ah, desliga isso aí, vai. Vem comigo, eu estou de carro, vamos dar um rolê.

Bianca foi envolvida pelo charme do rapaz por quem sentia atração e decidiu ir junto dele, ainda que o destino do passeio não tivesse sido previamente definido. Mas ela estava tranquila e confiante. Então, os dois entraram no carro e ele começou a dirigir.

— Para onde nós vamos? — Bianca perguntou.

— Primeiro nós vamos abastecer — ele respondeu.

Ele parou o carro em um posto de combustíveis. Enquanto ele trocava algumas palavras com o frentista, ela apenas o aguardou tranquilamente. Na hora do pagamento, a máquina de cartões não funcionou, o que fez com que o funcionário precisasse buscar outro equipamento. O silêncio que imperava no carro foi quebrado pelas palavras dele, que voltou seu rosto a ela, dizendo:

— Pois é, Bia. Eu sempre te achei gatinha. Sempre quis dar um rolê assim com você. Você me parece ser uma menina bacana...

Enquanto ele falava, acariciava gentilmente o rosto dela, e colocou uma mecha de cabelo que caía sobre seu rosto para trás de sua orelha, em um singelo gesto de carinho seguido de um beijo que aconteceu repentinamente.

O beijo foi interrompido pelo som de leves batidas no vidro do carro. Era o frentista, e a nova máquina de cartões estava em suas mãos. João efetuou o pagamento, e logo seguiram seu caminho, retornando ao trânsito.

— Aonde nós vamos? O que você acha de irmos ao cinema? Está passando um filme super legal, acho que você vai gostar — disse Bianca.

- Eu estava pensando... Será que não é melhor irmos a um lugar mais reservado? Você sabe, onde a gente possa ficar mais à vontade — ele respondeu.

Bianca recebeu a proposta à um turbilhão de pensamentos. Ela pensou se seria apropriado ir para o motel com alguém assim, logo no primeiro contato juntos. Também fez uma checagem mental no estado de seu corpo: a depilação estava ok? Depois de pensar mil coisas em um segundo, ela decidiu que diria sim. Afinal, o que poderia dar errado? Ela é adulta, convive com ele nas aulas de inglês desde o início do curso, é solteira, é mulher, é livre. E finalmente, respondeu:

– Hum... Tá bom, então pode ser!

Chegaram ao motel. Ele estacionou o carro, e os dois subiram para o quarto. As coisas foram acontecendo em uma empolgação super excitante, o que fez com que Bianca se sentisse totalmente entregue e disposta a viver aquele momento tranquilamente ao lado dele, desvinculando-se de qualquer receio.

– Gata, vamos brincar? – João disse a ela, enquanto oferecia a ela uma venda para os olhos, estendendo a sua mão.

Envolvida pelo momento, Bianca aceitou usar a venda. Estava nua na cama, e ficou esperando que algo acontecesse. Logo ela sentiu alguns beijos pelo seu corpo, interrompidos por alguns segundos de silêncio. Um beijo, seguido de silêncio. Mais um beijo, silêncio novamente. Começou a se sentir desconfortável com aquela situação, mas não queria chatear João. Ela foi se sentando devagar na cama, ainda vendada, até que ele retirou a venda de seus olhos e as coisas fluíram até o fim.

Depois que tudo tinha terminado, ela foi ao banheiro, sozinha. Observando seu reflexo no espelho, ficou a se perguntar se teria cometido um erro ao permitir que as coisas acontecessem tão rápido. Não foi a melhor nem a pior experiência sexual da vida dela, mas essa não era a questão. O problema, na verdade, era o estranho sentimento que insistia em incomodar seu peito naquele momento.

Já em casa, acordou tarde no dia seguinte, depois das 10, numa manhã de sábado. Pegou o celular e logo percebeu que havia muitas notificações de mensagens. Ao desbloquear o aparelho, a infeliz surpresa: no grupo do curso de inglês, havia fotos suas completamente nua, usando a venda nos olhos, deitada sobre a cama do motel. As fotos foram compartilhadas por João.

Ele não fez a mínima questão de esconder a sua atitude ridícula. E a foto íntima de Bianca, que foi registrada e compartilhada sem a sua autorização, causou enormes discussões no grupo de mensagens online. Alguns homens e mulheres demonstraram indignação diante da atitude de João, outros enviaram comentários como: "Nossa, até que ela é gostosinha."

O universo de Bianca, naquele momento, se desestruturou complemente. Foi como se o céu tivesse despencado sobre a sua cabeça. Ela soltou o celular na cama e entrou em desespero. Chorou fortemente, entre soluços e gritos. Sua amiga Joyce, com quem dividia o apartamento, ouviu seus gritos e entrou no quarto correndo, extremamente preocupada. Bianca não conseguia proferir uma só palavra, apenas apontou o celular para Joyce, que, ao pegá-lo, pôde entender do que se tratava tamanho desespero.

– Quem foi esse babaca que fez isso com você? – Perguntou Joyce.

– O João, do inglês... A gente saiu ontem, eu sugeri o cinema, ele sugeriu o motel... Eu assenti, a culpa é toda minha, eu sei. Nunca mais vou entrar naquele lugar. Vou excluir todas as minhas redes sociais. Acabou. É o fim – respondeu Bianca, aos prantos.

Joyce deu um abraço forte e demorado em sua amiga. Depois, olhou firmemente nos olhos dela, e disse:

– Olha para mim, presta atenção no que eu vou te falar, ok? Você não fez nada de errado. Nada. Ele é quem é um idiota! Não somente um idiota, ele é um criminoso! O que ele fez com você é um crime! Nós vamos à delegacia. Você vai levantar a cabeça, levantar-se dessa cama, tomar um banho e depois disso, nós vamos sair para tomar as medidas cabíveis. Levanta a cabeça, minha amiga, o que você fez de errado, me diz?! Você é uma mulher adulta, livre, dona de si. Foi ao motel com um cara, e daí, o que é que há de errado nisso? Não permita que ele coloque sobre você a culpa pela atitude dele, totalmente imbecil e desrespeitosa. Eu imagino que não deve ser nada fácil estar no seu lugar, assim, tão exposta. Mas ele mostrou o seu corpo para pessoas que você não permitiu que a vissem nua. Nós não podemos deixar a impunidade vencer, entendeu? Vamos, eu vou com você.

Não foram meses fáceis. Na verdade, não foram anos fáceis, posteriores a essa enorme covardia. João foi processado, mas tudo foi resolvido com uma indenização financeira. Bianca se contentou com essa punição, porque não queria atribuir à sua vida a lembrança de que alguém estava preso devido a esse acontecimento tão penoso que acometeu a sua vida. Seus pais, a princípio, não entenderam a decisão da filha de dar fim ao processo sem que o culpado fosse de fato, preso. Mas ela disse que precisava se desvincular disso tudo e seguir em frente de uma vez por todas. Mesmo relutantes, seus pais acataram a decisão da filha.

Você sabe, é difícil anular totalmente uma informação que já foi disposta na internet. O compartilhamento é ágil. Mas o tempo passou, e finalmente, esse momento trágico da vida dela foi ficando para trás.

Algum tempo depois do pesado acontecimento, Bianca retomou as aulas de inglês em um outro estabelecimento. Estudar inglês era muito importante para ela, pois desde o ensino médio, sua família se dedicava a guardar dinheiro para que ela fizesse pós-graduação no exterior.

Bianca cursava Engenharia Mecânica em uma faculdade particular de São Paulo. Seu plano era fazer pós-graduação no exterior e voltar para o Brasil, como uma profissional de formação particular em sua área. Quando terminou o curso de graduação, como planejado, viajou para os Estados Unidos.

Seus pais moravam no interior de São Paulo e vieram para a capital no dia que ela partiu para os Estados Unidos. No aeroporto, estavam todos na fila de despacho de bagagem. Chegou a vez de Bianca, que, quando se deparou com o atendente da companhia aérea, ficou instantaneamente desnorteada. Seu corpo paralisou-se, sua garganta deu um nó, a boca ficou seca. Era ele. Era o João. Ela não tinha como saber quais foram os caminhos da vida que o colocaram naquele emprego, afinal, ele também cursava o ensino superior em uma faculdade particular naquela época. Mas era ele. Ela tinha certeza disso.

Seus pais reconheceram o rapaz, e logo entenderam o motivo da agonia de Bianca. Sua mãe segurou uma de suas mãos, e seu pai, a outra. Juntos, eles caminharam até o balcão e despacharam a bagagem dela. João não disse nada além do necessário para o protocolo de despacho. Obviamente, ele sabia que era ela, mas não queria chamar atenção em seu local de trabalho. Ela também não fez alarde, pois não queria reabrir uma ferida que demorou tanto e custou tanto para curar. Bianca despediu-se de seus pais e partiu. Seguiu em frente. João e os traumas provenientes de sua covardia ficaram para trás.

A história de Bianca teve um belo desfecho, mas não podemos deixar de pontuar que esse desfecho somente foi possível devido à posição financeira de sua família e as oportunidades provenientes desse fato. Outras mulheres, de diferentes classes econômicas, sofrem o mesmo tipo de violência e não têm a chance de recomeçar em um novo cenário. Não devemos desmerecer a bela superação de Bianca, bem como não devemos esquecer que existem outras mulheres sofrendo pela impunidade do assédio e de outras violências sexuais, e que não compartilham das mesmas oportunidades. Portanto, deve haver a consciência de que as mulheres têm pleno direito de exercer a sua liberdade sexual com respeito e dignidade, independentemente de quaisquer fatores sociais. Todas as mulheres podem e devem ser livres, sentindo-se seguras quanto ao seu comportamento sexual e quanto ao respeito esperado por seus parceiros. Se a foto íntima de alguém chegou até você por meio da própria pessoa, ótimo. Aprecie e posteriormente, apague. Se a foto íntima de alguém chegou até você mediante terceiros, imediatamente apague. Esse é o protocolo. Combinado?

Eu disse a ela: Levanta a cabeça, amiga! E ela entendeu direitinho como se faz.

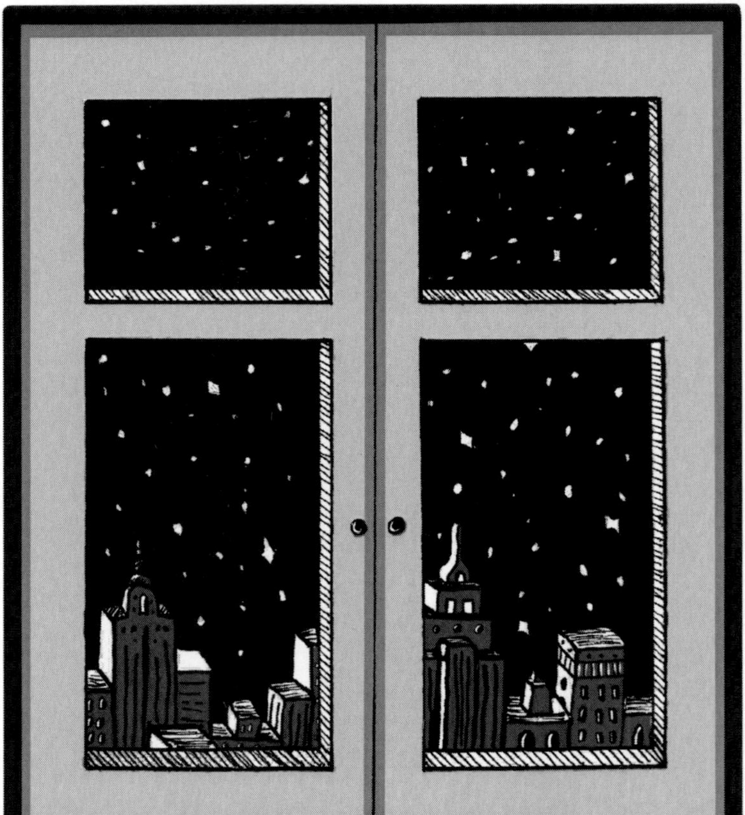

JOGUEI NO LIXO OS PADRÕES SOBRE FEMINILIDADE

Cortei. Não liguei para a opinião do outros, fui lá e cortei! E aprendi, finalmente, que a essência é exatamente essa. Levar em conta apenas aquilo que eu considero bom para mim quando o assunto é aparência. Para mim e por mim. Nunca pelos outros.

Fiquei seis meses guardando fotos para usar como inspiração na galeria do celular, mas nunca parecia ser o momento certo, ainda que se tratasse de algo que eu sentia tanta vontade de fazer. Até que um dia eu pensei: fala sério, é só cabelo!

A vida é uma oportunidade única, e eu não devo fugir de novas experiências por medo de não ser aceita. Peguei o celular, minha bolsa, e me olhei no espelho pela última vez antes da mudança. Até então, meu cabelo estava super longo, acima dos quadris. Muita gente ao meu redor tinha apego ao meu cabelo – até mais do que eu. O que promoveu uma insegurança enorme sobre o meu desejo de cortá-lo.

Mas, tomei uma boa dose de coragem e autoconfiança, respirei fundo, e fui! Peguei o metrô para ir até ao salão de beleza, sozinha. Não queria a opinião de ninguém. Já bastavam os meus próprios medos e inseguranças, os quais tive tanto trabalho em desfazê-los. Não queria ter de lidar ainda com as inseguranças que as outras pessoas aplicariam sobre mim.

Afinal, repito, é só cabelo! Cabelo cresce, e se eu não gostasse do resultado, cedo ou tarde a natureza se encarregaria de renovar as coisas. Sem maiores dramas, determinada, cortei. Quando me olhei no espelho, uma grande sensação de liberdade tomou meu espírito. Foram anos preservando meu cabelo, sem cortar, sem colorir, sem fazer qualquer mudança, e tudo isso porque eu sempre ouvia comentários que diziam que meu cabelo era a característica mais feminina em mim.

E essas colocações, de certa forma, me impactavam negativamente. Feminino. Afinal, o que é feminilidade e com base em quais premissas nós formulamos esse conceito?

Sexo feminino, ou seja, mulheres. Existem quantas formas de ser mulher? Quantos significados se atribuem a esse fato? Muitas pessoas já se desvincularam daquele padrão tradicional no que diz respeito à imagem social de uma mulher: princesa, bela adormecida, puritana e ingênua. Já outras insistem em preservar essa construção de características que reduzem a magnitude da existência feminina a padrões restritivos e singulares.

Fazendo uma breve analogia, posso dizer que, definitivamente, as mulheres contemporâneas desejam muito mais do que ocuparem somente o papel de princesas. Em vez de esperar a chegada do príncipe para retirá-las da torre mais alta do castelo, que está protegida por um dragão feroz, enquanto elas estão deitadas sobre uma cama adormecidas em seu sono profundo, as princesas decidiram abrir seus olhos e planejar sozinhas suas fugas. Então elas se levantaram, derrotaram o dragão, fugiram do castelo e conquistaram sua liberdade plena. E essa liberdade inclui o direito de escolher se querem ou não estar ao lado de um príncipe. Depois de tanta revolução, quem liga para cabelo?

Tanta reflexão me fez chegar a uma conclusão: definitivamente, a sociedade cultiva um conceito errado acerca do que seria a feminilidade. O que é ser feminina? A sua resposta a essa pergunta depende diretamente do conceito que você tem sobre as mulheres.

Existe algo mais feminino do que dormir à meia noite depois de passar horas estudando, e acordar às seis no dia seguinte, para mais um dia na faculdade? Existe atitude mais feminina do que exercer, com uma competência inquestionável, uma profissão que anteriormente era de atuação exclusivamente masculina? Existe algo mais feminino do que a habilidade incrível das mulheres de quebrar tabus, derrubar determinações e criar conceitos?

Com certeza, para mim, feminilidade é isso. Então, compreenda, não é só sobre cortar o cabelo. É sobre a poesia envolvida no meu direito de decidir o que eu faço com meu corpo, sem que isso se configure como fator de diminuição da minha feminilidade. A verdade é que a restrição começa nos detalhes. Aos poucos, a parcela preconceituosa da sociedade vai ganhando espaço para se sentir no direito de conduzir a vida das mulheres.

Começam opinando sobre o corte de cabelo, sobre o comprimento de suas roupas, sobre a composição de sua maquiagem... E posteriormente, já se sentem aptas a ordenar onde devemos nos colocar perante a sociedade. O que podemos e não podemos ser, fazer e construir. Tudo isso se sustenta contando com o sucesso da tentativa de instalação de uma insegurança que nos machuca psicologicamente, fazendo com que ao fim, nossa liberdade seja substituída por adequação.

Ser mulher está muito além de questões físicas sobre aparência, e considerando o fato de que somos intelectualmente idênticas aos homens, estou certa de que não devo me sentir menor por ter escolhido usar o cabelo desse modo.

Tudo isso é muito curioso, você não acha? Pergunte a uma mulher quantas vezes ela teve receio de fazer algo devido a hesitar quanto à maneira como a sociedade interpretaria seu feito? Pergunte quantas vezes ela trocou de roupa, deixou de fazer uma tatuagem ou deixou de ir a algum lugar, temendo os julgamentos futuros. Depois, faça as mesmas perguntas a um homem. No universo masculino, essas hesitações não acontecem com a mesma frequência. Afinal, existe toda uma construção social machista que os protege, e que os assegura de que suas atitudes jamais deverão ser censuradas perante determinações de qualquer teor e origem.

As mulheres já avançaram tanto! Já conquistaram tanto! E eu, por vezes, ficava a me perguntar o que ainda estava faltando para que essa lista de conquistas a favor da equidade se tornasse mais completa. Hoje, vejo que os espaços vazios dessa lista correspondem, justamente, a esse tipo de atitude cotidiana, que demonstra que a liberdade feminina é ampla e deve ser fortalecida até que se estabeleça por completo.

Não é sobre ter o direito de estudar, trabalhar e votar, desde que exista um compromisso das mulheres em assentir sobre tudo aquilo que a sociedade determina como feminino: saias, vestidos, maquiagem, salto alto e cabelos longos. É sobre ter o direito de estudar, trabalhar, votar, se vestir como quiser, usar o cabelo da maneira que quiser, e sonhar com todas as possibilidades possíveis, sem restrições embasadas em questões de gênero.

Ou seja, querido mundo, terás que engolir a fúria das mulheres por liberdade. Não nos contentaremos mais com migalhas, com as sobras de uma sociedade patriarcal que libera alguns direitos para as mulheres ao passo que busca maquiar outros preconceitos restritivos.

Nós queremos tudo. E sabemos que somos perfeitamente capazes disto. Vamos nos posicionar desde o comprimento dos nossos cabelos, até as leis que regem o país. Existe algo mais feminino do que isso?

NÃO SOU SUFICIENTE PRA VOCÊ?

Hoje é domingo, dia oficial da nostalgia. Não é verdade? Aos domingos nossos corações recebem a visita de sentimentos antigos e mal curados. Pois bem, hoje eu acordei bem cedo, antes de todo mundo. Estava faminta e sem qualquer condição de esperar até que todos acordassem para só então tomar café da manhã, então resolvi ir até a cozinha e tomar café sozinha. Preparei a máquina de café, conectei-a à tomada e me sentei para aguardar. O cheirinho de café adentrou minhas narinas e passou direto até o coração, provocando um impacto repentino que me fez reviver mil lembranças em um só segundo.

Lembrei-me de quando passávamos o final de semana juntos na casa dele, e eu acordava sentindo esse perfume a me agraciar o olfato. Eu me levantava da cama entorpecida pelo sentimento de profundo conforto, e caminhava até a cozinha. Lá estava ele, preparando tudo para nós, usando fones de ouvido enquanto cantarolava e se remexia, dançando pelos cantos da cozinha.

– Oi, amor, bom dia! – eu disse, mas ele não escutou. Sempre ouvia música no volume mais alto possível.

– Amor! Bom dia! – disse novamente, elevando o volume da voz.

Ele escutou, retirou os fones dos ouvidos e me recebeu com um sorriso largo no rosto. É uma pena lembrar que esse sorriso só se fazia presente se eu estivesse sempre disposta a acatar todas as suas determinações sobre mim. Eu dizia que estava me sentindo um tanto sufocada, mas ele dizia que só estava tentando me proteger. E eu, tola, acreditei. Demorou mais do que eu gostaria até que eu percebesse que aquilo que estava disfarçado de proteção, na verdade era um potente e negativo sentimento de posse.

É complicado ser alguém que ama intensamente. Eu me torno mais tolerante do que deveria. Já me culpei tantas vezes por isso! Mas, ainda assim, a minha certeza de que a vida é curta demais para viver sentimentos rasos vence, quando compete com a minha insegurança sobre a intensidade que dedico aos meus sentimentos. A existência é tão bonita, não me permito desperdiçá-la com pessoas que reduzem a grandiosidade de tudo. O fim desse relacionamento foi a decisão mais difícil que tomei na vida até agora. Porque eu o amava, nossa, como eu o amava!

Eu fazia planos sobre nós... tentava mostrar a ele seu valor, tentava fazer com que ele entendesse de uma vez por todas que as minhas conquistas não reduziam o mérito das suas. Mas ele insistia em fazer da nossa relação uma constante competição. E para não sair perdendo, ele sempre conseguia me fazer recuar. Desmotivava meus planos, desmerecia minhas conquistas e por tantas vezes, fazia piada dos meus sonhos. E eu continuava ali, disposta, totalmente entregue a nós dois, achando que a dedicação unilateral daria certo. Mas obviamente, não foi o que aconteceu.

A minha paciência durou mais do que o tempo adequado para a preservação da minha saúde psicológica. Tantas vezes fui dormir aos prantos, secando as lágrimas com os lençóis depois de uma ligação dele, me dizendo que não aceitava que eu viajasse a trabalho, que eu me dedicava demais à carreira, falando palavras tão rudes, dilacerando meu coração sem nem sequer medir as consequências. E eu, boba, sempre comemorava cada uma das suas conquistas, desde quando ele conseguiu avançar nas eliminatórias do campeonato de xadrez ao dia em que passou no vestibular.

Quando analiso os cenários do passado a partir da atual data, chego à conclusão de que eu não era suficiente para ele. E de que não importava o quanto eu tentasse, jamais seria suficiente. Simplesmente pelo fato de que eu não sou e jamais serei a pessoa que ele desejava. Não consigo ser submissa por muito tempo, eu sou totalmente fiel às minhas prioridades de vida. Eu tenho meus sonhos delineados desde quando era adolescente, e eu sempre disse a ele que um dia trabalharia duro para tirá-los do papel. E foi o que fiz.

Eu só queria que ele tivesse me apoiado. Torcido por mim. Comemorado junto comigo. Mas sempre que uma novidade acontecia em minha vida, era um perfeito motivo para que as brigas começassem a se colocar entre nós, mais uma vez. Eu o amava... Amava-o muito. Só não o amava mais do que eu amo a mim mesma, e não me envergonho de dizer isso.

Eu queria o nosso bem, tanto o meu quanto o dele. Para isso, precisávamos estar em paz sobre nossos estados singulares, para que a união resultasse em atribuições positivas para nossas vidas. Por isso eu jamais deixei meus projetos de lado, ainda que eu não pudesse contar com o apoio dele. Mas não consegui sustentar isso por muito tempo.

Chegou o dia em que eu finalmente me dei conta de que ele estava sempre tentando estabelecer a sua plenitude em detrimento da minha felicidade. Sempre disposto a adotar uma posição de superioridade e a me colocar em estado de submissão. E, para mim, como foi difícil ter que assumir isso. Foi difícil assumir que a pessoa que eu mais amava também era a pessoa responsável pelas minhas descompensações psicológicas.

É complicado, porque várias vezes ouvimos histórias sobre agressões físicas dentro dos relacionamentos, e a indignação social acerca disso, bem como suas respectivas consequências legais, que estão muito bem claras e estabelecidas. Mas as violências psicológicas me parecem ser um grande tabu. Difíceis de delimitar, difíceis de reconhecer, porque pouco se fala sobre isso.

Mas o que eu sei é que eu sofria. E meu sofrimento parecia servir como um combustível para ele. Quanto mais eu sofria, mais ele me machucava. Meus amigos e familiares diziam que ele não merecia o sentimento que eu dedicava, um amor tão puro, tão disposto e disponível. Diziam que ele usava a minha entrega sentimental para me manipular, como quem manipula uma marionete. Eu fechava os olhos e tapava os ouvidos, insistindo que só eu o entendia, que só eu sabia lidar com ele.

Porém, ele foi me destruindo aos poucos. Afastou-me das minhas amigas, afastou-me dos meus hobbies, afastou-me dos cursos que eu amava fazer, e eu quase perdi o emprego. Até que enfim, chegou o dia em que eu olhei para a minha imagem no espelho, totalmente desgastada, e decidi que não me afundaria ainda mais naquele mar de lama.

Eu me pergunto como consigo sustentar, até hoje, lembranças sobre esse relacionamento que só não acabou comigo porque nos últimos segundos dos acréscimos do segundo tempo, eu consegui ser mais forte do que as correntes que me prendiam.

Mas domingo, além de ser o dia oficial da nostalgia, também é dia de reorganizar a mente para a semana que se inicia no dia seguinte. Se eu resisti ao primeiro domingo posterior ao nosso término, eu sei que sou capaz de resistir a todos os outros domingos que vierem.

As pessoas costumam dizer que se há amor, há tudo. Discordo. Para dar certo, é necessário bem mais do que somente amor. E eu aprendi isso na pele.

Mas entre o certo e o errado, de uma coisa eu tenho plena certeza: fiz a escolha certa no momento em que dei preferência a viver a minha vida com a paz que mereço. Desejo sinceramente que mulher nenhuma se desvincule de si mesma na tentativa de servir como suporte incondicional para a vida de um homem que não é capaz de aplaudir o seu potencial e a sua grandiosidade. É uma questão de amor-próprio.

A CULPA É DO MACHISMO

Os dias passam e eu continuo a não me conformar com a injustiça que se estabelece quando se trata da liberdade das mulheres. Deus do céu, sinto vontade de gritar para o mundo inteiro ouvir: É DE VOCÊS TODA A CULPA! Você acha mesmo que as mulheres já conquistaram todo o espaço que precisavam?

O estado não se dispõe a conduzir a justiça de maneira que nos proteja efetivamente de todos os perigos que estão fortemente instalados, resultado das consequências de uma história de desenvolvimento social totalmente machista.

Parece-me de um caráter extremamente duvidoso o posicionamento da justiça, que diz estar disposta a nos proteger, mas ao mesmo tempo fortalece as premissas sociais que conduzem a maneira como levamos a vida. Traduzindo, você sabe: se quiser denunciar o estupro, tudo bem, registramos o boletim de ocorrência. Mas o que você esperava? Estudando à noite e entrando em um ônibus às 22:30, qual seria o outro resultado, não é mesmo? Você estava ciente dessa possibilidade e continuar estudando à noite significa, automaticamente, que você assina embaixo diante da existência desse perigo.

Essa é a situação-problema que neste momento desestabiliza minhas emoções. Acabo de perceber que não poderei mudar de turno na faculdade, devido ao fato de temer tantos perigos que se dispõem contra uma mulher andando sozinha depois das 22:30. Se você me disser que qualquer pessoa corre perigo andando sozinha neste horário, eu apenas devo responder: Meu celular é a última coisa com a qual me preocupo dentro desse cenário.

Sou mulher, tenho 23 anos, e estou vivendo no século XXI. Mais de 100 anos depois da morte das operárias que tiveram suas vidas tragicamente cessadas por um incêndio, em uma fábrica têxtil na cidade de Nova York. Mais de 10 anos depois que uma adolescente de 15 anos foi morta após 100 horas de cárcere privado na própria casa, na grande São Paulo. E, mesmo assim, o mundo ainda não abriu seus olhos sobre a situação emergente acerca do que se refere às consequências práticas do machismo, ou seja, aos impactos reais nas vidas das mulheres.

Em 2008, Eloá tinha apenas 15 anos de idade. Quando a tragédia que cessou a sua vida aconteceu, eu tinha 10 anos de idade. Hoje tenho 23 anos, e se Eloá não tivesse sido atacada com dois tiros que resultaram em sua morte, hoje ela teria 26 anos de idade. Teria uma vida inteira pela frente. Quantos sonhos se encerraram junto ao fim da sua vida? O assassinato de Eloá reflete claramente a postura doentia de uma sociedade que construiu uma classe terrível de homens. Homens que se sentem em pleno direito de reduzir o significado da vida das mulheres a nada. O que me faz, por vezes, entrar em estado de indignação e profundo desespero.

Enfim, o fato é que eu estava considerando a hipótese de mudar o turno na faculdade e passar a estudar à noite. Então, logo me dispus a analisar os fatores condicionantes dessa possível alteração na minha rotina, e me senti totalmente irritada! Como se estivesse sendo algemada e encarcerada por ser mulher, como se alguém estivesse retirando de mim o meu direito de caminhar em liberdade. Como se eu fosse uma criminosa.

Afinal, veja bem, a minha decisão não é o único fato a ser considerado dentro dessa hipótese. Eu preciso analisar tudo aquilo que estaria disposta a caminhar no sentido contrário ao prosseguimento pleno da minha vida, e acredite, essa lista é enorme.

O número de itens dessa lista automaticamente me fez retirar da cabeça a ideia de trocar o curso de turno. Eu realmente precisava estudar à noite. Mas essa possibilidade foi descontinuada no momento em que percebi que, ao estabelecer essa troca, estaria me expondo a perigos que certamente reduziriam a minha estimativa de vida.

E assim, não pude adotar uma medida que, por um determinado momento, resolveria toda a logística do meu dia a dia. Tive de adotar a outra opção, a opção imposta como a única que me permite fazer um trajeto minimamente seguro até a minha casa.

Ok, ao fim, de fato eu pude permanecer estudando pela manhã. Mas e se não houvesse outra possibilidade? Fico a pensar em todas aquelas mulheres que diariamente, terminam seus afazeres às 23h, buscando seu sustento, ou tentando trilhar uma bela carreira profissional.

A verdade é que o mundo inteiro lucra com a insegurança das mulheres. O valor que eu pagaria ao fim do semestre, para motoristas de aplicativo nas corridas que faríamos da faculdade até em casa, daria para pagar pelo menos duas mensalidades da escola dos filhos deles.

Assim como tantas empresas enriquecem comercializando essas inseguranças ao preço de seus produtos e esquemas de beleza. Da mesma forma como tantas pessoas que se apresentam como profissionais, matam mulheres que procuram, desesperadas, seus procedimentos estéticos e de transformação corporal a um custo inferior ao do mercado, cegas pela busca angustiante por adequação. Nesses casos, ninguém se dedica a pensar na plenitude da vida feminina. Nesses casos, mulher é sinônimo de dinheiro no bolso. E nada mais.

Não me sinto totalmente livre desde quando me entendo por gente!

Quando eu era criança, fui ensinada a me proteger o tempo todo. Ouvia as mesmas instruções, de todas as mulheres da família: quando for sentar usando vestido, feche as pernas! Quando for trocar de roupa em qualquer lugar, certifique-se de que a janela esteja fechada e de que a porta esteja trancada. Cuidado com o uso de roupas curtas se houver meninos pelo recinto. Meninos não são confiáveis, você deve saber disso.

Na adolescência, um discurso bastante parecido: se for à festa usando vestido, atenção redobrada. Se for beber, cuidado para não exagerar – a sua inconsciência automaticamente transforma seu corpo em mecanismo público de prazer. Vai estudar na casa de um amigo? Os pais dele estarão lá? Afinal, repito, meninos não são confiáveis, você sabe.

Sim, eu sei. Eu sei sobre o que está bem esclarecido, diante dos meus olhos. Dia vai, dia vem, e o mundo continua sem entender que É DE VOCÊS TODA A CULPA.

Amedrontam mulheres e fazem do mundo um lugar cada vez mais hostil para a nossa vivência e desenvolvimento. Não bastasse isso, amplificam um discurso que sempre está disposto a culpabilizar a mulher sobre todas as violências cometidas contra ela.

Não, eu não tenho culpa. Todavia, ainda assim, foi tirado de mim o direito de optar livremente sobre qual o melhor horário para estudar, sem que eu tivesse que pensar em consequências tão mais expressivas do que aquelas provenientes da violência urbana que atinge ambos os sexos.

Sim, estamos no século XXI e depois de tantas tragédias já documentadas, parece que o mundo nada aprendeu sobre a necessidade de exaltar e apoiar efetivamente o estabelecimento de uma sociedade que favorece a liberdade das mulheres.

Estou presa em uma fábrica em chamas nesse momento. Nesse instante, meus olhos estão fixados à imagem de meu ex-namorado, que aponta uma arma para a minha cabeça. E o que me resta é a obrigatoriedade da adequação àquilo que o mundo diz ser mais seguro para mim, e sem pestanejar! Do contrário, estarei exposta ao perigo de ser meu o nome exposto nas próximas manchetes do jornal. Até quando?

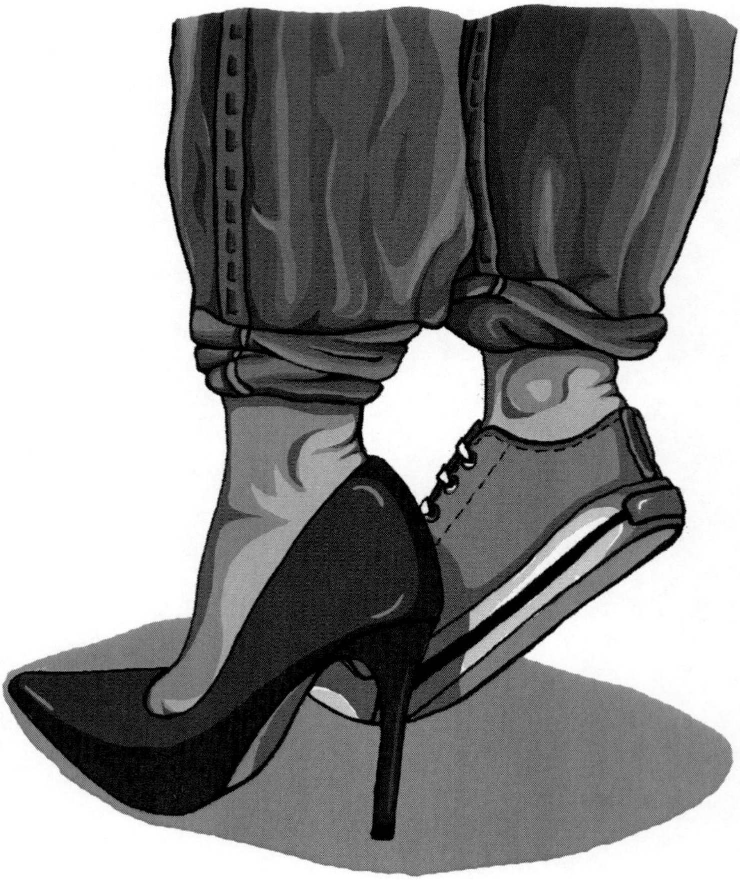

JOGUE SUAS TRANÇAS

Eu tenho mil motivos para dizer que o mundo é um bom lugar para se viver. Mas só consegui reunir esses motivos devido à minha perseverança, que foi maior do que os obstáculos que tentaram desestruturar meus sonhos.

Sabe, quando eu era criança, adorava assistir aos filmes da Barbie. A Barbie era incrível, uma só boneca vivia múltiplas aventuras: ela podia ser bailarina, princesa, sereia e fada. Ela podia ser tudo o que quisesse, e eu recebia essa mensagem muito intensamente.

Um dia, na escola, durante o recreio – jamais vou me esquecer desse momento – eu subi no castelinho que havia sido construído junto a uma grande árvore, e antes de descer pelo escorregador, gritei: "Eu sou a Rapunzel!" Imediatamente pude ouvir as risadas de algumas meninas que estavam brincando pelos arredores do parquinho. Uma delas disse que eu jamais seria a Rapunzel, afinal a princesa tinha longos cabelos loiros que formavam duas tranças compridas, diferente do meu cabelo, cheio de cachinhos, que crescia para cima.

Desci pelo escorregador em silêncio; a brincadeira acabou para mim naquele momento. Eu era apenas uma criança, mas fui devastada pela dor do racismo antes mesmo de compreender de fato a gravidade da situação. Mas eu não derramei uma só lágrima. O sentimento era bem pior: eu sentia como se a minha existência representasse motivo de vergonha. Na hora da saída, minha mãe notou minha tristeza e perguntou o que havia acontecido, mas eu não tive coragem de contar. E passei anos cultivando esse sentimento em meu coração, até chegar à adolescência. Adolescência. Foi quando o cenário enfim, começou a mudar.

Eu aprendi que jamais deveria me envergonhar da minha cor, do meu cabelo, da minha história. Estudando sobre a escravidão, compreendi que ainda havia resquícios dessa brutalidade inexplicável, que para mim, é certamente uma das maiores vergonhas da humanidade. Mas eu não deveria me curvar diante dos resquícios dessa história vergonhosa. E foi o que fiz! Levantei a cabeça e segui em frente, mais determinada do que nunca.

Não foi fácil chegar até aqui. Não foi fácil ter de vencer cada obstáculo que se pôs contra mim durante a construção da minha carreira. Eu não fui extremamente forte porque quis ser. Eu fui forte porque era o único jeito! Quantas vezes ouvi que meus posicionamentos nada mais eram do que uma postura de vitimismo, no intuito de alcançar meus objetivos com maior facilidade. Fala sério, você quer mesmo falar sobre facilidade com um negro? Nada é fácil para nós.

Nós vivemos em uma sociedade que divulga a mesma notícia, em duas manchetes diferenciadas por cor: "Traficantes foram detidos pela polícia no Rio de Janeiro", para pessoas negras, e "Jovens universitários foram pegos comercializando substâncias entorpecentes no Rio de Janeiro", para pessoas brancas.

Portanto, a linha que difere o jovem universitário do traficante é colorida por tons de pele negra. Se um jovem branco furta uma loja, ele é levado para a administração do Shopping, onde é advertido e liberado. O negro comete o mesmo delito, e é imediatamente levado até uma delegacia. Afinal, a lei não deveria ser igual para todos?

Cresci vivendo o racismo e observando as consequências dele na construção do posicionamento que a sociedade adota sobre a comunidade negra. Parece-me que o mundo nunca estará suficientemente pronto para voltar a nós o olhar respeitoso que merecemos. A escravidão historicamente registrada acabou há poucos séculos, mas ainda somos escravos das ideologias preconceituosas de pessoas que, mesmo na atualidade, simpatizam, compactuam e cultivam conceitos que servem como base para a discriminação.

Hoje eu estou 30 anos distante daquela garotinha que fui um dia, arrasada ao se deparar com a primeira situação discriminatória. Mas, ainda assim, aos 37 anos de idade, o racismo continua visitando a minha vida, ainda que mediante apresentações diferentes.

Basta que eu vá ao shopping usando roupas confortáveis e causais, diferentes da vestimenta sofisticada que uso no escritório, para que a minha capacidade aquisitiva seja colocada à prova em virtude da minha cor. Perdi as contas de quantas vezes retirei o cartão de crédito da bolsa antes de entrar em uma loja, na tentativa de anular previamente qualquer possibilidade de discriminação que certamente teria potencial suficiente para estragar o meu dia.

Por isso, não venha me falar sobre vitimismo. Não venha me falar sobre vitimismo em um mundo cruel como esse, que me julga e me define pela cor da minha pele. Um mundo que certamente me torturaria a chibatadas se eu tivesse nascido em outra época. Um mundo que escravizou, torturou e assassinou meus ancestrais, reduzindo sua existência a algo totalmente insignificante.

Eu não aceito que essa construção social discriminatória e racista defina onde devo ou não devo estar e a posição que posso e que não posso ocupar. Minha resposta a tudo isso transparece plenamente, quando levanto os troféus provenientes de cada uma das conquistas alcançadas por essas mãos, que sim, são mãos NEGRAS.

Essas mãos que hoje contribuem para a evolução social de igual para igual, mesmo que tanta gente ainda não esteja convicta disso. O conhecimento me libertou e calou as vozes daqueles que acreditavam que eu era alguém incapaz de construir pensamentos complexos. Levou-me a compreender tudo o que estava intrínseco nas determinações predefinidas sobre mim, e me estimulou a jamais dar a eles qualquer mínimo motivo que contribuísse para o fortalecimento dessas estereotipias.

Por isso que digo e repito, apesar de tão hostil, esse mundo é a única chance que tenho para transformar, realizar e construir. E jamais desperdiçarei as oportunidades que surgem para mim! Todas elas são resultado de um esforço certamente maior do que o que seria justo.

Sinto muito por quem ainda não enxergou a perversidade por trás da história da escravidão e todas as suas consequências, que atravessam séculos a fio e atingem a atualidade a uma potência absolutamente devastadora. Mas eu, sinceramente... Eu não me curvarei diante das suas ordens. Entre os direitos mais incríveis conquistados pelo povo negro, reafirmo em especial um deles, que foi por tantas vezes restrito: o direito pela felicidade. Esse direito ninguém, ninguém será capaz de tirar de mim.

CASAMENTO OU DESCONTENTAMENTO?

A ausência de autoconfiança pode reduzir a vida de algumas mulheres a uma prática de submissão sem qualquer estimativa de fim. O casamento mal sucedido é um dos grandes causadores dessa ausência. Engana-se quem imagina que a submissão atinge apenas as mulheres que dependem financeiramente de seus maridos. Às vezes a submissão parte de um cenário difícil de compreender, mas que pode ser delineado a partir do esclarecimento sobre essa penosa perda de autoconfiança.

Aqui se dispõe a mulher: múltiplos significados e definições na atualidade. Mesmo assim, por vezes perdida dentre os martírios provenientes do machismo. Por vezes, sendo colocada diante de uma situação que leva a sua dignidade a voar solta ao relento. Esquecendo-se do seu próprio significado, de suas próprias capacidades e do amplo sentido da vida. Concentrando todas as suas forças e energias na tentativa de agradar integralmente alguém que não merece nem ao menos um singelo gesto de carinho.

Ela era uma moça incrível. Vivendo a juventude, tinha todo futuro pela frente. Estudava pela manhã na faculdade, dedicava as horas restantes do seu dia ao seu próprio desenvolvimento. Ainda que fosse uma aluna exemplar e de inteligência admirável, o mundo insistia em questionar o motivo pelo qual ela nunca teria posado por aí com um namorado a tiracolo. Em meio a sorrisos desconcertados, ela dizia que não fugia da hipótese, porém, também não se esforçava em torná-la realidade. Simplesmente pelo fato de que viver um relacionamento não estava no topo da sua lista de prioridades.

Pois bem, eis que enfim, formou-se. Felizmente, não muito depois, a primeira oportunidade profissional bateu à sua porta. Foram dois anos de aprendizado e experiência, até que ele apareceu. Nos bastidores – fora do seu posto no portão de entrada da empresa –; era sorridente e carismático. Por outro lado, enquanto exercia seu papel, não mexia um músculo sem que o movimento parecesse ter sido friamente calculado para contribuir com a pose imponente de um segurança.

Logo começou a lançar a ela seus cortejos: era de uma delicadeza e de um romantismo arrebatadores. Entregava flores, elogiava seu cabelo e dizia que seu sorriso era brilhante como o sol. Ela se envolveu rapidamente. Eles começaram a namorar, e poucos meses antes que ela completasse mais um ano na empresa, a surpresa: ele se ajoelhou no chão e fez o pedido de casamento. Encantada, ela disse sim sem pensar duas vezes.

Logo o fato se concretizou, marcado por uma festa que uniu as famílias dos noivos. Em um dado momento durante a festa, ela juntou-se à mesa com suas recém cunhadas, e durante a conversa, perguntou a elas quais eram suas profissões. Uma delas respondeu: "Antes do casamento, eu era psicóloga." Logo em seguida, respondeu a outra: "Antes de casar cursava ciências contábeis." Curiosas as respostas! Ambas descreviam suas ocupações antes do casamento, como se de fato, o casamento as tivesse impedido de seguir em frente.

Três anos completos trabalhando na empresa, três meses de casamento: ela engravidou. Ela dizia a ele que ser mãe não estava entre seus planos mais breves, porém, ele considerava essa negação um verdadeiro absurdo. Ela acabou cedendo e logo a prática sexual desprotegida resultou na gestação de seu primeiro filho. Em nenhum momento, ele apresentou a ela uma opção contrária à de parar de trabalhar imediatamente. E assim ela o fez, cessou suas atividades profissionais desde o terceiro mês da gestação.

O que estava por vir era ainda pior: dependência psicológica assídua. Pouco a pouco, ele conseguiu fazer com que ela se sentisse minúscula diante de tudo que compunha a sua formação como mulher. De repente seu diploma se transformou em um mero pedaço de papel, seus anos de experiência diminuíram-se a nada e seu conhecimento transformou-se em motivo de piadas ao redor da mesa no jantar. Ela passou a desacreditar do seu potencial, da sua inteligência e da sua capacidade.

O que vem depois, você já deve imaginar. A criança nasceu e não houve um só dia em que ela pudesse nem sequer ir ao banheiro sem que seu filho estivesse dormindo, pois seu marido não compreendia que tomar conta da criança estava dentro da lista de obrigações de um pai. Tudo se resumia à conta de luz paga e fraldas prontas para serem usadas dentro da gaveta. Como se o dinheiro pagasse pelo peso que ela estava carregando na alma.

E a sociedade, fortemente armada, segurando a hipocrisia em uma das mãos e o machismo em outra, assegurando-a, dia após dia, de que tudo aquilo era perfeitamente normal. É a naturalidade da vida da mulher casada e recém mãe. Insistindo em convencê-la de que abdicar totalmente da própria vida era a coisa certa a se fazer.

E ela não está sozinha. Tantas mulheres se sentem completamente perdidas dentro do significado de suas próprias vidas, e não associam a si quaisquer outras funções que se difiram de cuidar da cria e do lar. Tantos talentos perdidos e tantos estados psicológicos desestruturados devido a essa ação da sociedade, que insiste em determinar à mulher uma só função. Um rótulo. Mãe e ponto. Dona de casa e ponto. Pra casar e ponto. Pra transar e ponto.

Infelizmente, a verdade perde potência diante de tantas restrições. Mas a verdade se apresenta por meio de uma afirmativa clara: uma mulher é capaz de representar mil funções ao mesmo tempo. Nossas atribuições de vida podem e devem ser múltiplas.

E, convenhamos: ninguém sabe fazer tantas coisas ao mesmo tempo de maneira tão exemplar quanto uma mulher. Precisamos ser fortes para que nada nem ninguém seja capaz de retirar de nós esse direito.

CARTA ÀS MULHERES
DO FUTURO

Não tão logo tu herdarás todas as convicções que trago no peito, mas as minhas atitudes desde já servem para que se construa a tua conscientização. Não tão cedo tu abrirás a boca para dizer com tanta certeza tudo aquilo que te ensinarei, mas teus pés estarão a trilhar gradativamente o caminho até a tua libertação.

Digo isso pois sei que irá debruçar sobre a tua alma o temor proveniente das tuas tentativas de ser ouvida. De mostrar ao mundo que tu és tão capaz quanto eles. De dizer a todos que tuas mãos são capazes de fazer mil coisas mais, além de lavar roupas e mexer colheres dentro das panelas.

Mas, preste atenção, querida. O temor não deve ser capaz de parar teus movimentos. Faça o que for preciso: lute, ainda que nem todas as vezes a vitória seja alcançada. O que mais importa é continuarmos no caminho. Passo a passo, plantando sementes, ainda que apenas aquelas que estarão aqui no futuro venham a ser capazes de usufruir dos frutos do nosso esforço. Afinal, alguém deve fazer algo por nós. E ninguém fará melhor do que nós mesmas.

Um dia, não seremos mais impedidas de colocar os pés dentro dos escritórios frequentados pelos homens, onde eles leem seus livros e escrevem leis que determinam a vida de tanta gente.

Um dia, seremos tão livres que serão nossos os nomes que estarão a enfeitar as capas dos livros dispostos na estante, como dignas autoras de palavras verdadeiramente transformadoras. Eu acredito que esse tempo chegará. Eu acredito! Quebraremos todas essas correntes que nos sufocam, que nos impedem de seguirmos caminhos brilhantes. Então a liberdade triunfará, dona de uma plenitude irrevogável e irreversível.

Eu acredito.

A PRÁTICA DO
PATRIARCADO

O primeiro sentimento não agradável que uma mulher sente é o medo. E quando digo, "o primeiro" refiro-me a seu sentido literal, ou seja, desde a infância. E isso acontece porque a sociedade julga mais prático introduzir o medo na rotina das meninas, como tentativa de autoproteção, em vez de educar os garotos de uma maneira menos machista e mais respeitosa.

Pois bem, quando nasce uma menina, é comum a conduta dos pais de restringi-la a certos ambientes, ao decorrer do seu crescimento e desenvolvimento. E essas restrições são conduzidas mediante a tolerância ao machismo. Sim, as pessoas preferem tolerar o machismo a educar a sociedade para que não aja de maneira machista. Exemplo prático:

É domingo no lar de Dona Lourdes, avó de 4 crianças. São 11 da manhã e ela está recebendo seus filhos e netos para um almoço em família. Dois dos seus netos, os mais velhos, pré-adolescentes, estão jogando videogame em um dos quartos da casa, onde a avó montou uma espécie de área de lazer para recebê-los sempre que eles a visitassem.

Chega mais um dos filhos de Dona Lourdes, trazendo os 2 netinhos que faltavam para completar a alegria da avó: Luna, de 5 anos; e Daniel, de 9 anos. Os dois cumprimentam a avó, e Daniel logo escuta o som das vozes de seus primos, vindo do quarto de brinquedos. Pergunta ao seu pai se poderia juntar-se a eles, e ele prontamente consente. Luna também quer brincar, e faz o mesmo pedido ao pai, que ao ouvir, volta-se para Dona Lourdes e diz:

– Não tem nenhuma amiguinha para ela hoje, não é, mãe? Só estão aqui os meninos.

A avó de Luna logo responde:
– Não, filho. Só os meninos.
Observando a troca de palavras entre os dois, muito atenta, Luna logo muda sua expressão facial, demonstrando um intenso descontentamento. Sua avó diz:
– Luna, meu amor, vamos até a cozinha com a vovó aprender a fazer bolo de limão?
A jovem menininha responde, para a surpresa de todos:
– Puxa vida, vovó! Eu adoro brincar na cozinha com você, mas hoje eu queria brincar com o videogame novo! O Daniel falou nisso o tempo todo, eu queria jogar também!
Dona Lourdes respondeu então:
– Ô, filhinha, é que hoje a filha da minha vizinha não pôde vir para lhe fazer companhia. Então estão só os meninos lá no quarto, e você sabe como são os meninos, não sabe? É melhor ficar na cozinha com a vovó, vamos lá fazer um delicioso bolo de limão?
– Não, vovó. Eu não sei como são os meninos! Mas se são de um jeito ruim, ninguém pode ensinar para eles um outro jeito de ser?
Dona Lourdes sorriu levemente, em comoção às palavras de sua neta, que apesar de tão jovem, já demonstrava sua indignação quanto aos maus costumes da sociedade, que simplesmente aceita o machismo e o coloca acima da liberdade feminina. Tão nova, aos 5 anos de idade, Luna não sabia, mas sua pergunta era muito inteligente: ninguém pode ensiná-los a ser de outro jeito?
O machismo não é interessante. Nem para as mulheres, nem para os homens. Talvez os netos de Dona Lourdes não tivessem a mínima intenção de praticar violências de qualquer gênero com a menina, mas foram automaticamente definidos como violentos e inconfiáveis, apenas pelo fato de serem meninos.
Quantos outros domingos em família aconteceram sem que ninguém nem sequer perguntasse a um dos meninos se eles

gostariam de aprender a fazer bolo de limão? Quantas vezes uma criança foi restringida de praticar alguma atividade social por implicações referentes ao seu gênero? Quantas meninas foram impedidas de jogar videogame? Quantos meninos foram impedidos de aprender a cozinhar com as suas avós?

O machismo sufoca o desenvolvimento das crianças e restringe as suas inteligências ao termômetro injusto sobre o que é de menino e o que é de menina. As meninas são ensinadas a se comportarem de maneira recatada, segurando seus instintos de curiosidade, energia e coragem, ao passo que os meninos são constantemente estimulados a se comportarem de maneira imponente, explosiva e corajosa. Se um menino ou uma menina fugirem a esses padrões, logo a postura discriminatória os cerca.

Um menino que gosta de brincar com panelinhas? Uma menina que gosta de jogar futebol? Não pode ser, indignante! A sociedade parece não estar preparada para ouvir algo óbvio: algumas pessoas preferem passatempos que exigem esforço mental, outras têm predileção por passatempos que exigem esforço físico. E não, isso não diz respeito ao gênero.

Luna passou a infância cercada pelo medo proveniente do machismo. E o pior de tudo: ela sentia medo, mas não sabia delinear claramente os motivos de tamanho temor. Afinal, ninguém foi capaz de explicar a ela o que de tão grave poderia fazer um de seus primos, se ela fosse a única menina em um quarto com outras 3 crianças do sexo masculino um pouco mais velhas do que ela.

E, infelizmente, ser mulher é conviver com muitos medos. Medo de tudo, em várias situações. Antes de avançar um pequeno passo que seja, uma mulher imagina, previamente, dezenas de possibilidades de consequências que poderiam acontecer mediante sua ação. E somos ensinadas, desde pequenas, a viver em adequação a essa violência tão fortemente estabelecida, oriunda de raízes do machismo que não foram cortadas enquanto ainda era possível desfazê-las com mais facilidade: na infância.

Quando uma mulher acorda, pela manhã, e precisa sair de casa para algum outro local, logo ela pensa sobre qual condução tomará. Se for carro particular, ótimo, ela é quem vai dirigir. Se for carro prestador de serviços, como táxis ou carros de aplicativos, cuidado redobrado. Afinal, o motorista pode ser homem. Se for transporte público, pode ter certeza de que por vezes, uma mulher prefere usar calça jeans em um dia super quente, do que usar saia e acabar sofrendo um grave assédio por aí. Nós temos que nos adequar a tudo, o tempo todo.

O mundo, cheio de possibilidades e oportunidades de desenvolvimento, de crescimento, de sensações, de emoções, é como o quarto de lazer da casa da avó Lourdes: cheio de brinquedos, jogos, videogames e outros mecanismos de diversão. O patriarcado é como a liberdade dos meninos, de se unirem em um momento lúdico no quarto de lazer da casa de sua avó, sem qualquer preocupação. E o machismo é a conversa entre mãe e filho, que, em uma breve troca de palavras, restringe uma menina de 5 anos de estar onde ela quer estar.

Preciso dizer que eu sou a Luna. Neta da Dona Lourdes, irmã do Daniel, prima do Vinicius e do Igor, os meninos que já estavam brincando no quarto de lazer quando eu e meu irmão chegamos naquele dia.

Anos depois, e após meus inúmeros e dedicados argumentos, meu pai achou que tivesse resolvido o problema: comprou um videogame para que eu usasse exclusivamente, sem precisar dividir o mesmo ambiente com meu irmão e meus primos.

Quando eu tinha 15 anos, o videogame deu defeito, e eu, inconformada, coloquei o aparelho do avesso! Consegui resolver o problema da máquina sozinha, e desde então passei a me interessar pelo universo da tecnologia. Hoje eu sou formada em Tecnologia da Informação e estou me especializando em Robótica.

Meu irmão, Daniel, aos 17 anos começou a se interessar por gastronomia. Visitou a casa da vovó Lourdes e foi para a cozinha pedir que ela lhe ensinasse o básico da culinária, para que ele pudesse se preparar para a prova prática que enfrentaria como mecanismo obrigatório de aprovação no curso de gastronomia que ele pretendia ingressar.

Hoje nós seguimos nossos caminhos: eu estou estudando robótica e atuando profissionalmente em uma empresa na cidade de São Paulo, e meu irmão tem um charmoso restaurante em um bairro comercial da nossa cidade natal.

A nossa história não foi simples de se escrever, uma vez que o machismo é capaz de nos despertar um sentimento de estranhamento quanto aos nossos próprios talentos. Inúmeras vezes cogitei a hipótese de que talvez a área da tecnologia realmente não fosse adequada para mim. Assim como meu irmão teve de ultrapassar preconceitos que se relacionavam à presença de um homem na cozinha. Felizmente, hoje nós dois temos os nossos méritos para nos orgulhar.

Mas, e as consequências de uma infância de segregação embasada nas atribuições sociais machistas? Bom, acredite, Daniel nunca me ensinou a jogar videogame e eu nunca o ensinei a fazer o bolo de limão da vovó. Não trocamos essas experiências, não fomos estimulados a contribuir positivamente com o crescimento um do outro.

E sabe aquele medo proveniente dos agentes machistas empregados na sociedade, sobre os quais comentei mais acima nesse texto? Pois bem. Eu cresci e percebi que o medo é apenas o primeiro dos sentimentos que acometem a vida de uma mulher. Logo após vem a indignação, a raiva, o descontentamento.

Daniel trabalha comandando a cozinha do seu restaurante, e ninguém associa qualquer erro que ele venha a cometer ao fato de ele ser homem. Ele apenas estrava estressado, chateado, enfim, não era um dia bom para o chef Daniel. E tudo bem, nós podemos compreender isso. Vamos ter paciência, logo ele estará emocionalmente estável novamente, e esse erro não define sua capacidade profissional.

Mas, se eu cometer um erro em meu trabalho, rapidamente a comunidade associa a falha ao fato de eu ser mulher. Afinal, uma mulher atuando em Tecnologia da Informação e robótica, cedo ou tarde, resultaria em uma grande frustação. Deve estar de TPM ou qualquer outra frescura do universo feminino, não é mesmo? Seria melhor contratar um homem, não teríamos esse problema.

Então, definitivamente, percebo que desde jovens as mulheres são restringidas, desestimuladas e ofuscadas.

E se isso não é machismo, meus queridos, então me digam do que se trata! Estou curiosa para ouvir suas tentativas de explicação.

LIBERDADE ATÉ QUE PONTO?

Recentemente soube que haverá um congresso incrível em Fortaleza, então fiquei entusiasmada para participar. Logo, fui verificar os preços das passagens aéreas, que vale dizer, são minha única opção, infelizmente. Ainda que Fortaleza não seja tão longe daqui. Afinal, você sabe... Mulher não pode fazer uma viagem interestadual sozinha. Seria uma loucura.

Depois, verifiquei os valores da hospedagem individual. Logo veio o descontentamento: não será possível, o hotel custaria mais do que todos os outros gastos da viagem. Pensando em possibilidades distintas, tirei o celular da bolsa e mandei uma mensagem no grupo dos meus amigos:

– Gente, alguém conhece um hotel que cobre um valor bacana em Fortaleza?

Felipe, meu amigo, respondeu:

– Juliana, você poderia se hospedar em um hostel! É muito mais barato e eles costumam ter uma estrutura interessante voltada para quem viaja sozinho.

Bia, outra participante do grupo, respondeu:

– Lipe, você tá louco? Imagina a Juliana sozinha em um hostel! Perigoso demais.

Felipe continuou:

– Nada a ver, Bia. Eles disponibilizam armários para que o hóspede guarde suas coisas com segurança, basta você levar seu cadeado.

Lendo aquela troca de mensagens, minha primeira reação foi achar engraçada a resposta dele. Achei a sua reação inocente. Mas a graça foi se perdendo entre meus suspiros de chateação, porque infelizmente, eu sei que roubo é um dos infortúnios menos graves que poderiam me acontecer. E é disso que a Bia, como mulher, estava falando. Sabe, existem momentos em que eu realmente gostaria de ter nascido homem. Imagina só, todos os meus problemas referentes à viagem teriam se resolvido automaticamente.

Enfim, dei de ombros e fui pesquisar na internet sobre os tais hostels. deparei-me com a seguinte situação:

Cama em dormitório misto R$ 40 por diária

Cama em dormitório feminino R$ 60 por diária

Percebeu a diferença? Quer dizer, o quarto feminino é mais caro porque ele promove a possibilidade de que você durma em um recinto frequentado apenas por mulheres. Tudo bem, não posso negar que acho ótimo que exista essa possibilidade. Mas, por outro lado, me sinto triste por perceber que os vícios sociais machistas se consolidaram com tanto vigor. É difícil aceitar que a violência contra a mulher se tornou algo tão natural que, em vez do combate, sustentou-se a prática da precaução.

E no final das contas, a conclusão é a de que nós temos que pagar mais caro para nos sentirmos seguras diante da sociedade. De valores literalmente financeiros a valores subjetivos, o preço para a mulher é sempre mais elevado. Eu me pergunto, que culpa nós temos?

Quer dizer, e se eu não pudesse pagar por esses acréscimos financeiros que só existem devido ao fato de eu pertencer ao sexo feminino? Eu estaria restrita a realizar os meus planos?

Diferentemente de um homem, que executaria tudo usando as possibilidades de custos mais baixos possíveis sem problema nenhum. Ele pode, afinal, ele é homem. A maneira pela qual a sociedade se compôs o ajuda a se proteger de possíveis imprevistos desconfortáveis.

Parece-me que o mundo não está preparado para conviver com mulheres livres e os seus planejamentos de vida. E temo que nunca esteja. É como se nós precisássemos, constantemente, dia após dia, pedir desculpas por sermos mulheres e, assim, aceitar o estado de vulnerabilidade. O que significa dizer que se alguma coisa de ruim me acontecer durante o período da viagem, a culpa é toda minha por ter escolhido viajar sozinha. Conseguiu entender?

Enfim, acabei me conformando com a ideia de que não poderia ficar no quarto mais barato, o quarto misto. E nesse momento, você pode estar pensando: bom, mas ninguém está proibindo você de ficar. Sim, é verdade. Não existe uma lei que me proíbe de me hospedar em quarto misto, junto de homens que eu nunca vi na vida. Assim como também não existe uma lei que impeça você de atravessar a rua enquanto o semáforo está livre para a passagem dos veículos. Mas você vai atravessar?

Somos mulheres, e, mesmo recebendo salários mais baixos do que os dos homens, precisamos pagar mais caro para que possamos nos sentir minimamente seguras: avião em vez de ônibus, quarto feminino em vez de misto, transporte particular alternativo em vez de ônibus e a lista segue, gigante.

Sigo o embate, frente a frente, eu e o machismo, torcendo para que ele jamais seja capaz de cessar a minha liberdade completamente. Tenho medo, isso é fato. Mas não consigo simplesmente cruzar os braços e aceitar essas determinações sociais, que ainda tentam ditar as regras sobre onde devo ou não devo estar. Determinações escondidas atrás da suposta preocupação quanto à nossa segurança, quando na verdade, o que existe é uma grande segregação que tem potência suficiente para afastar as mulheres de seus maiores objetivos.

A existência de um quarto exclusivamente feminino é sim necessária, diante da construção social que infelizmente colocou as mulheres em estado de vulnerabilidade. Mas, essa necessidade também reflete claramente as bases patriarcais dessa sociedade injusta que nos difere por padrões de gênero: as mocinhas ficam juntas no quarto feminino, como belas princesas protegidas pela torre de seu castelo.

E os homens maus ficam no quarto masculino, exalando toda a sua agressividade, falta de educação e masculinidade. E aqueles que querem algo mais, convivem no quarto misto, afinal, as segundas intenções são óbvias! Em que mundo um homem e uma mulher podem conviver socialmente em uma situação estreita como dormir no mesmo quarto, sem que haja interesse sexual intrínseco, não é mesmo?

A resposta ideal seria: nesse mundo. Mas esse mundo é injusto, e reduz a capacidade de socialização humana devido ao estabelecimento de uma afirmativa medíocre, que compara os homens a animais selvagens prontos a entrar em um surto sexual a qualquer momento, e expõe as mulheres à situação de perfeitas vítimas desse surto descontrolado.

Não, não sabemos conviver com as diferenças de gênero. Não sabemos respeitar o íntimo de cada um. E assim, não podemos socializar civilizadamente em um ambiente onde existe a presença de gêneros distintos sem que alguém se sinta potencialmente frágil – e claro, esse alguém sempre será uma mulher. O padrão, então, se estabelece, regado a estereótipos: homem é bicho faminto. E mulher é refeição certa.

A que ponto chegamos?

ASSASSINATO À
LIBERDADE

Rio de Janeiro, 18 de março de 2019, 19 horas. Peguei meu celular para solicitar um carro pelo aplicativo. Após 5 minutos de espera, o carro chegou. Abri a porta e entrei:

– Boa noite! – cumprimentei o motorista, mas não obtive resposta. Ele manteve seu olhar fixo à frente e deu partida.

– O senhor entendeu o caminho? – perguntei.

Ele virou seu corpo a fim de me visualizar no banco de trás. Lançou a mim um olhar estranho, que me deixou automaticamente constrangida. Mas manteve silêncio.

Estremecida, meu coração acelerou-se, e comecei a cogitar a hipótese de ligar para alguém da minha lista de contatos do celular. Mas respirei fundo, e acreditei que manter a calma era a decisão mais inteligente a ser tomada diante daquela situação. Educação é ótimo, mas de fato, não é uma obrigação. Então talvez a sua ausência de resposta apenas representasse a sua falta de modos.

Até que ele fez a curva em uma rua que não era comum à rota que os carros comumente seguiam quando eu solicitava uma viagem para aquele mesmo destino. Será que ele está fazendo um caminho alternativo para escapar do trânsito intenso? Bom, eu não tinha como saber, então perguntei, mas ele não respondeu nem com uma só palavra.

Percebi que ele havia começado a diminuir a velocidade gradativamente, como se nós estivéssemos chegando ao destino. Mas não estávamos nem sequer na metade do caminho que seria o correto. Sinto ânsia, tontura, minhas pernas se estremecem quando lembro do que viria depois: percebi que estávamos nos aproximando de um motel.

– O que você vai fazer, pelo amor de Deus! Abre essa porta, para o carro! – eu gritei, desesperada.

Ele seguiu dirigindo o carro até o motel, e baixou levemente o vidro da janela para pegar a chave do quarto.

– Documentos do acompanhante, por gentileza – disse o atendente do motel.

Eu continuei pedindo socorro, e desesperada, comecei a dar golpes no vidro da janela do banco de trás, onde eu estava. Sem sucesso, estendi meu corpo à frente, na tentativa de chegar o mais próximo possível da brecha da janela que estava aberta, mas o homem me empurrou abruptamente. Eu continuei gritando por socorro, enquanto ele tirava da carteira uma nota de cinquenta reais, que estendeu ao atendente, dizendo:

– Cinquentinha? Beleza? Tranquilo?

O atendente pegou o dinheiro e logo entregou a chave de um dos quartos do motel. Enquanto o atendente estendia a mão para entregar a chave, eu gritava em negação, o mais alto possível, desesperada. E eu sei que ele ouviu. Mas meu desespero não foi suficiente para conscientizá-lo. Cinquenta reais. Cinquenta reais foi o que ele ganhou para fechar os olhos diante da tragédia que poderia acontecer comigo nos próximos instantes.

O motorista pegou a chave e seguiu em frente. Nesse momento, eu perdi todas as minhas forças e só conseguia chorar, sem parar. O mais medonho de tudo o que aconteceu dentro desse tempo é o fato de que ele se mantinha frio; aquele primeiro olhar foi o único que ele lançou a mim.

Ele não dizia uma só palavra, e o silêncio soava como uma faca me atingindo em várias partes do corpo, porque tamanha frieza me fez pensar que o homem era um psicopata e que eu não sairia viva dali.

De fato, ele não tirou a minha vida. Mas aquele dia foi quase o meu fim. Ele estacionou o carro na garagem do quarto do motel, olhou para trás, fixou os olhos a mim e disse:

– Desce! E fica calada, ou eu te mato.

– Pelo amor de Deus, me deixa ir embora! Por favor, não faz isso comigo! – lembro perfeitamente das palavras que eu disse antes do que aconteceria a seguir.

Ele tirou o cinto rapidamente, e movimentou o braço no intuito de abrir a porta do carro. Em um ápice de adrenalina, eu consegui sair primeiro. Tentei correr, mas antes mesmo que eu estivesse fora do espaço da garagem, ele me segurou pelo braço.

Naquele momento o universo desapareceu da minha mente, e tudo que importava era conseguir fugir daquele lugar. Entramos em embate corpo a corpo, mas ele era muito mais forte. Puxou meus cabelos, no intuito de me obrigar a entrar no quarto. Gritei por socorro desesperadamente, e cada milésimo de segundo que passava sem que alguém viesse me socorrer parecia uma eternidade.

– Socorro! É um estupro, ele vai me estuprar, socorro! – gritei, o mais alto que pude.

Finalmente, surgiu uma mulher, que correu velozmente até nós, gritando para que o homem me soltasse.

– Solta a moça! Solta ela, seu monstro! Bruno, vem aqui, Bruno! – ela gritou, pedindo ajuda.

O homem me soltou, correu até o carro e rapidamente o manobrou para sair do local, a uma velocidade tão abrupta que quase atingiu a mim e a atendente do motel. Eu me joguei ao chão, chorando desesperadamente. Tudo ao meu redor parecia estar perdendo o sentido, fiquei tonta, e a última coisa que eu ouvi foi a voz da moça, gritando:

– Não o deixa passar, Bruno! Chama a polícia! Faz alguma coisa!

Senti minhas pernas perderem a força e logo veio a escuridão. Desmaiei. Quando acordei, por um instante achei que tudo aquilo tivesse sido apenas um pesadelo, mas ao abrir os olhos, logo a imagem do rosto da moça que me ajudou começou a se formar e se organizar diante de mim.

Eu estava deitada sobre o chão da garagem, e quando vi o rosto dela, rapidamente me sentei e voltei a chorar desenfreadamente. Ela me tomou nos braços e por vários minutos me abraçou forte, em silêncio. Quando eu estava minimamente mais calma, ela me deu apoio para que eu levantasse, e perguntou:

– O que aconteceu, ele machucou você? Você está sentindo alguma dor?

- Não, graças a você ele não conseguiu fazer nada além do puxão forte que deu no meu cabelo – respondi.

– Quando eu ouvi seu primeiro pedido de socorro, logo estranhei. Mas você tinha apresentado o documento para entrar, então por um instante achei melhor não me envolver. Às vezes os clientes têm práticas peculiares. Então você disse "é um estupro!" e eu saí correndo. Me desculpe não ter vindo logo. Meu Deus! Como ele conseguiu passar?

Quando ela terminou sua fala, o outro funcionário, que atendia pelo nome de Bruno e aproximou-se de nós.

– Chamou a polícia, Bruno? – ela indagou incisivamente.

– Ele arrancou em alta velocidade, não adianta mais, ele fugiu – ele respondeu, gesticulando, apontando para a saída.

Diante da resposta dele, a ira tomou conta do meu corpo. Levantei-me do chão, entorpecida de raiva, e empurrei o tal Bruno, dizendo:

– Foi você, não foi? Foi você que pegou o dinheiro! Você é tão mostro quanto ele! Você ia vender a minha vida por cinquenta reais!

— Ele não quis apresentar a sua identidade, eu pensei que você era menor de idade, só isso, me desculpa! — ele respondeu, tentando se justificar.

— Menor de idade? Se eu fosse menor de idade, estaria tudo bem? Por 50 reais você fecharia os olhos para o fato da possibilidade de haver uma criança dentro daquele carro? Qual é o seu problema? Você é doente!

Ele continuou pedindo desculpas em vão, e eu estava em total descontrole. A funcionária que me ajudou pediu para que ele saísse dali, e enquanto ele se afastava, ela colocou as mãos sobre meus ombros, olhou nos meus olhos e disse:

— Olha pra mim. Você está salva. Está comigo agora, nós vamos resolver isso, por favor, tenta ficar um pouco mais calma.

Ela me segurou pela cintura, eu apoiei meu braço em seu ombro, e juntas fomos caminhando até a cabine de entrada do motel. Sentei-me em uma cadeira, ela me deu um copo d'água e disse que eu poderia ficar tranquila quanto ao funcionário que aceitou dinheiro para facilitar a entrada do carro, e me assegurou de que ele não ficaria impune, até mesmo se isso custasse o emprego dela.

Agradeci, então liguei para o meu pai, que foi me buscar imediatamente. Ele me abraçou, e disse:

— Vamos para casa, quero que você me explique direitinho o que aconteceu aqui.

— Eu falei no telefone, pai! Eu chamei um carro e o homem tentou me estuprar!

— Aline, eu sei que você está com medo de que eu brigue com você, mas eu realmente preciso que você me conte a verdade completa, sem meios fatos, você entendeu?

Sua fala me causou indignação profunda! Respondi:

— A verdade?! A verdade é que eu quase fui estuprada porque um babaca achou que poderia fazer isso comigo e porque outro babaca aceitou tapar os ouvidos sobre os meus gritos a troco de cinquenta, cinquenta reais! Se não fosse ela – apontei para a funcionária que me ajudou –, eu estava lá naquele quarto sendo violentada agora! E o pior: sabe-se lá o que ele faria comigo depois!

— É verdade, senhor. Nós disponibilizaremos as imagens das câmeras de segurança para que vocês possam registrar o boletim de ocorrência – disse a funcionária.

Meu pai ouviu tudo em silêncio. Olhou para mim e disse:

— Entra no carro, filha.

— Me passa o número do seu telefone para que eu possa pegar as imagens das câmeras? Eu não quero ter que voltar aqui, nunca mais! – dirigi as palavras à funcionária, que movimentou a cabeça em forma de consentimento.

Anotei o número de telefone dela no celular, agradeci novamente e entrei no carro. Meu pai entrou logo em seguida, e começou um discurso que foi suficiente para completar a destruição psicológica que eu estava sentindo:

— Você sabe que não deve sair sozinha sábado à noite. Eu já tinha falado isso para você. Eu já tinha falado para sua mãe que você não deveria sair para essas festas de fim de semana. Você é mulher, filha. Você está vulnerável, você é vulnerável. Se você se comportasse, nada disso teria acontecido. Você quer frequentar festas, usando essas roupas curtas, brilhantes, com o rosto cheio de maquiagem. O cara deve ter confundido você com uma prostituta. Se você estivesse em casa, nada disso teria acontecido. Mas, não. Você quer sair para festa em um sábado à noite e acha que nada vai acontecer?!

— Sim, pai, é exatamente isso! Eu quero poder exercer a minha liberdade e a minha cidadania, o direito que eu tenho de ser mulher e usar a roupa que eu quiser, sair e me divertir com as minhas amigas em um sábado à noite, chamar um carro pelo aplicativo para me locomover de um local a outro, sem que toda essa ação seja considerada uma rebeldia imensa, a ponto de um estranho se sentir no direito de me sequestrar e tentar fazer sexo comigo sem o meu consentimento! É exatamente isso! É tão difícil de entender?!

Meu pai não precisou proferir uma só palavra para que eu soubesse exatamente a resposta da pergunta que o fiz. Sim, é muito difícil de entender. A sociedade implantou nas mulheres o sentimento de contentamento com o fato de que nós devemos viver aprisionadas, diante da potência da violência que nos cerca.

Unir forças do estado para combater a violência? Não. Aprisionar as mulheres às circunstâncias hostis desse mundo machista, e cada vez mais, classificá-las entre as que concordam em permanecer presas e as que decidem fugir do cárcere. As que permanecem prisioneiras e restringem as suas ações àquilo que seria considerado um comportamento conveniente a uma mulher consciente de suas supostas limitações, a uma mulher direita, são as boas mulheres, as mulheres íntegras, as mulheres respeitadas, as que foram feitas para casar. Aquelas que fogem do presídio limitante do machismo e se aventuram a viver uma vida livre, desvinculada de limitações, determinismos e tabus, são automaticamente classificadas como chulas, desprovidas de qualquer merecimento de respeito.

E as suas ações, que deveriam ser consideradas como simples atitudes de uma mulher livre, são então confundidas, dando lugar à interpretação de que esses fatores constituem uma fantasia de permissão constante, sobre qualquer hipótese, sobre qualquer coisa.

Como se um vestido de lantejoulas douradas e um batom vermelho na boca, usados em conjunto, em um sábado à noite, fossem um atestado de permissão de estupro. Como se a combinação desses elementos soasse como um recado fixado na testa de uma mulher, em letras garrafais, dizendo:

ME ABUSA, EU DEIXO, EU QUERO!

Quando na verdade, a combinação desses elementos não significa nada, nada além do seguinte fato:

Uma mulher, que é constitucionalmente livre, decidiu sair para se divertir à noite e vestiu a roupa que ela achou interessante para a ocasião. Ponto final. Ou ao menos, deveria ser.

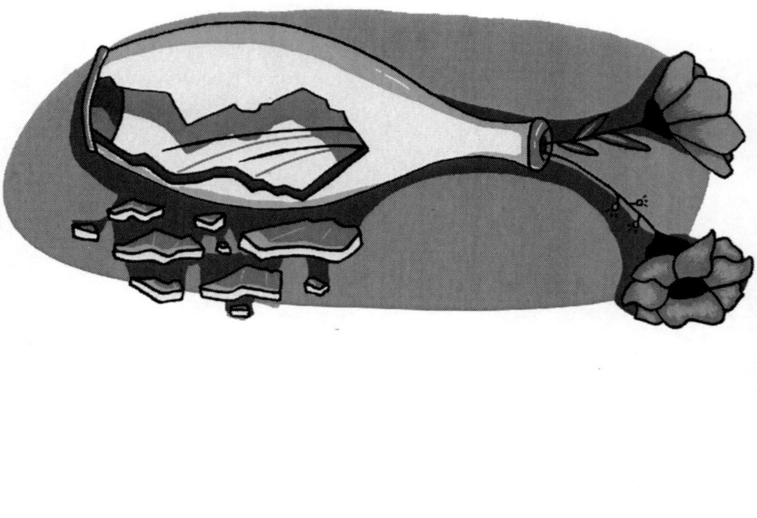

A VIÚVA ALEGRE

Dona Fátima é julgada por toda a vizinhança do seu bairro. Ninguém pode vê-la passar, andando pela calçada, sorridente, que começam a surgir os murmurinhos a respeito da sua felicidade. E é curioso perceber uma vizinhança tão atenta aos seus passos, afinal, onde guardavam todo esse interesse naquele tempo? Sim, pois naquela época, os vizinhos pareciam não ter olhos, nem ouvidos, e se mantinham inertes diante da situação pela qual ela estava passando.

Dona Fátima tem 54 anos hoje. Desde os 27, era casada com um homem que só não tirou a vida dela, porque a sua própria vida se acabou antes que ele pudesse cometer essa atrocidade – ainda bem, que felicidade, não é mesmo?

Sim, era assim que ela se sentia. Sentia-se feliz pela morte do marido. Sentia-se livre, mas ninguém entendia ao certo o que ela estava sentindo. Todos a julgavam insensível, mas esse mesmo grupo que compunha o "todos" jamais bateu à sua porta, num domingo à noite, quando seu marido chegava bêbado em casa e a agredia. Esse mesmo grupo, essas mesmas pessoas, jamais tiveram a coragem de ligar para a polícia, ao estarem diante dos gritos de socorro de Dona Fátima, que ecoavam para no mínimo, cinco casas vizinhas, de tão alto que era o volume dos gritos em súplicas.

Dizem que em briga de marido e mulher não se mete a colher. Essa frase reflete os preceitos patriarcais dessa sociedade em que vivemos, que está quase totalmente indisponível para uma mulher que se encontra em estado de vulnerabilidade. Ela está com seu dono, eles é que se resolvam, não é mesmo?

Era noite, e uma forte chuva caía do céu, provocando um alto som ao encostar do fluxo da água no telhado da casa onde os dois moravam, em uma pequena casa de dois andares, na periferia da cidade. Dona Fátima estava sozinha em casa, assistindo à televisão, como ela mesma me contou. Seu marido havia saído desde cedo, e ela não sabia qual tinha sido seu destino e nem quando ele voltaria. Não era novidade o seu sumiço aos fins de semana.

Ela assistia à televisão na sala, enquanto a chuva caía lá fora, tão forte que mais parecia que o céu cairia sobre o chão. Assustada, porém tentando manter o equilíbrio, Dona Fátima voltou sua atenção exclusivamente à programação da televisão, no intuito de esquecer a tempestade que caía do céu lá fora.

De repente, ela ouviu o som das batidas em sua porta.

– Abre a porta, mulher! Abre a porta! – ouviu a voz de seu marido, perceptivelmente embriagado, ordenando que ela abrisse a porta da casa.

– Onde está a sua chave? – perguntou ela.

– Ora, sua velha, se eu tivesse a chave não estava mandando você abrir essa porta! Abre a porta! – ele respondeu, arrogante e descontrolado.

Dona Fátima pegou as chaves, dirigiu-se até a porta e a abriu. O homem entrou em casa, encharcado pela chuva, totalmente embriagado, cambaleando pelo corredor.

– O que tem pra comer, Fátima? – ele questionou.

– Não tem jantar, você sumiu, eu só cozinhei o suficiente para o meu almoço. Você sabe que eu não gosto de desperdiçar comida, não sabia quando você voltaria – ela respondeu.

– Não tem jantar?! – ele perguntou, gritando ferozmente.

O grito foi seguido de um forte tapa, direcionado ao rosto de dona Fátima, que instantaneamente caiu para trás, sentada no chão, diante de tamanha violência. Ele continuou com a agressão, e deu-lhe dois chutes nas costelas. Ela perdeu as forças que ainda lhe restavam e deitou-se ao chão, com as mãos posicionadas sobre o tronco, no local onde ele havia executado a agressão.

Seu campo de visão, que naquele momento alcançava apenas o chão, percebeu os pés do seu marido se locomovendo até um armário que havia na sala, onde ficavam expostos alguns vasos de cerâmica. Ela levantou a cabeça levemente, e percebeu que seu marido estava com um dos vasos nas mãos, a postos para acertá-la. Ele se dirigiu até ela, mas antes que ela pudesse suplicar a ele para que não a atingisse com o vaso, o homem parou abruptamente no meio da sala. Deixou o vaso cair sobre seus pés e colocou uma das mãos sobre o peito. Seu rosto expressava uma sensação de forte dor. Segundos depois, ele caiu ao chão, completamente rígido.

E lá permaneceu nos instantes seguintes, sem movimentar um músculo. Ela chamou por seu nome três vezes e ele não a respondeu. Nesse momento, ela começou a arrastar-se pelo chão, no intuito de chegar próxima a ele. Foi aproximando-se devagar, com uma das mãos sobre as costelas, que doíam intensamente devido aos chutes dele.

Quando chegou até ele, a surpresa: estava imóvel, com os olhos arregalados para o horizonte. Dona Fátima colocou seu dedo indicador direito abaixo das narinas dele: nenhum sinal de respiração. Colocou o ouvido sobre o peito dele, nenhum sinal de batimentos cardíacos. Ele morreu.

Ela chamou a polícia, que, quando chegou, mesmo presenciando as marcas da agressão em seu corpo, a convocou para prestar depoimento como suspeita de assassinato. Sim, ela foi considerada suspeita de matar o homem que chegou em casa no domingo à noite, após horas de sumiço, pronto para arrastá-la direto para um jazigo no cemitério.

Na delegacia, felizmente, o delegado, muito sensato, advertiu os policiais, dizendo que sua atitude em fazer a apreensão da mulher fora extremamente equivocada. Afinal, ela estava ferida! As evidências esclareciam expressivamente a ocorrência de uma agressão que partiu dele. Ele teve um mal súbito, provavelmente um infarto do miocárdio.

Dona Fátima foi encaminhada para atendimento no pronto-socorro, e após a aferição do seu estado de saúde, foi liberada. Quando chegou em sua casa, deparou-se com os pedaços do vaso quebrado estendidos ao chão. Sentou-se no sofá, olhou ao seu redor e começou a chorar intensamente.

De repente, ela respirou profundamente e se deu conta de que todo aquele sofrimento diário havia terminado. Sem medo de repressões, ela expressou um primeiro sorriso, seguido de gargalhadas que ecoaram pela casa. Dona Fátima deslocou-se vagarosamente até o banheiro, grunhindo de dor, devido aos ferimentos provenientes da agressão que sofrera. Chegando ao banheiro, lavou o rosto e olhou para seus próprios olhos através do reflexo do espelho, e disse a si mesma, em voz alta: – Acabou. Acabou para sempre.

Desde esse dia, ela se dedicou a amar a si e a cuidar de si como ninguém jamais havia feito nessa vida. Meses depois do acontecimento, ela foi convidada para trabalhar como costureira no ateliê de uma antiga amiga, que soube do ocorrido e decidiu oferecer a ela a oportunidade de recomeçar.

Dona Fátima é outra pessoa hoje. Leve, feliz, sorridente. Segura de si. Vive a vida entusiasma e livremente, exalando vontade de superar todos os seus limites. É muito fácil julgar alguém sem saber todas as vertentes da mesma história. É muito fácil a julgar insensível, fechando os olhos para todas a agressões que ela sofreu durante os anos que viveu junto de seu marido. Mas, a verdade se esclarece quando ouvimos as palavras que Dona Fátima me disse, quando terminou de contar a história dessa triste fase da sua vida: "Eu não posso dizer que queria que ele estivesse aqui, porque estarei mentindo. É uma pena que as coisas tenham terminado assim, mas se ele não tivesse morrido, logo seria eu que estaria morta. E depois que ele morreu, não posso negar, eu renasci."

Portanto, não feche os olhos diante da violência contra à mulher. Não compactue com o feminicídio. Denuncie. Você pode salvar a vida de uma mulher hoje!

AQUI NÃO CABE
O ABUSO

Não me teste. Eu não gosto de brincadeiras desconcertantes que servem apenas para inflar o seu ego de estimação. Não me limite. Eu detesto quando alguém tenta deter meus avanços, segurando meu braço para que eu seja impedida de prosseguir. Não procure mensurar os meus limites, acredite, eu sei muito bem quais são. Não disserte sobre mim, A pessoa que mais me conhece: eu. Eu sei quem sou, e não preciso lidar com constantes afirmativas adversas a tudo aquilo que eu construí sobre mim. Não me expulse do meu mundo, eu sou feliz aqui.

Se você realmente me amasse, entenderia. Entenderia que eu passei tempo demais sozinha, focada em mim, e que essa sua necessidade de receber satisfações constantes funciona como uma roupa que não me serve. Aperta, machuca, prende, sufoca. E como a prática pessoa que eu sou, acredite, eu não vou me permitir ficar sofrendo desconforto por tempo demais. Eu simplesmente trocarei de roupa.

E não tenho medo nem vergonha de dizer isso a você. Você precisa entender, de uma vez por todas, que de mim jamais partirá um comportamento submisso. Eu não serei um troféu sob dominação emocional, que você expõe, egocêntrico, sacudindo acima da cabeça, em uma cena comemorativa. Eu sou incapaz de me dispor à mercê de alguém, isso vai contra qualquer aspecto da minha natureza.

Eu sei, o mundo é tendencioso. Faz com que os homens acreditem que são donos de tudo, inclusive das mulheres. Mas, meu amor, a minha vida pertence a mim e não há pessoa no mundo que será capaz de afastar-me das minhas convicções pessoais. Portanto, lide sozinho com os seus conceitos mal formulados. Porque eu não vou pedir sua opinião sobre nada. Até poderia, se você respeitasse meus projetos, mas isso não acontece.

    Ouça, eu amo você. E tenho por você um carinho que brota do mais profundo e íntimo pedacinho da minha alma. Mas esse sentimento não vale a plenitude da minha própria vida. Eu amo você, mas se esse amor tentar reduzir minhas expectativas sobre minha relação com o mundo, eu deixo de amar em um estalar de dedos.

    Quanto mais você me sufoca, mais eu me afasto. Quanto mais você tenta me aprisionar, mais eu me liberto de você. Eu sonhei coisas lindas para nós dois, mas estou convencida de que nada se tornará real. Afinal, eu amo quem você é. Você ama a sua estratégia de dominação. E é apenas esse o sentimento que deposita sobre mim.

    Fui ensinada a não dobrar os joelhos e abaixar a cabeça diante de um ego inflado. Diante da argumentação vazia de um espírito pequeno, que não buscou compreender a si, e que por isso, vaga por aí procurando outros espíritos para se tornarem seus prisioneiros.

    Não, meu bem. O primeiro passo é aceitar que você mal sabe qual é o seu lugar nesse mundo, e posteriormente a isso, buscar compreender os motivos da sua existência, em vez de procurar em outras pessoas resoluções prontas para todos os seus problemas.

    Ninguém guarda a sua caixinha da satisfação. Ela não está perdida por aí com alguém, e você não precisa encarcerar pessoas no intuito de encontrá-la. Ela está dentro de você, acredite.

    Essa carta é um pedido de desculpas, completamente indevido, mas que por consideração, dirijo a você: me desculpe por não suprir todas as suas necessidades emocionais sobre ser colocado em cima de um trono de rei. Aqui dentro só existe um trono, e o lugar está definido há anos: é meu. Eu sou a rainha que comanda a minha própria vida. Seja você o rei da sua. Mas, lembre-se: é um império unilateral. Não devem existir súditos que estarão a postos para lavar seus pés quando você assim o desejar.

Acredite, eu não estou esperando por alguém que me complete. Eu sou inteira. Eu quero alguém que me transborde, e se você não é capaz disso, não pensarei duas vezes: darei as costas a você e direi adeus. Se você não pode me oferecer o ápice, tudo bem, eu entendo e respeito. Só não espere que eu me contente com um copo meio cheio, porque para mim, na verdade ele está meio vazio.

Sim, eu sou mulher. E não, eu não preciso de você para ser feliz. Mas, sim, eu gostaria de ter você ao meu lado se não fosse uma pessoa tão controladora. Tudo bem, cada qual com a sua perspectiva de vida. Apenas não espere que eu feche os olhos e lhe dê todas as permissões. Porque, se você não pode estar ao meu lado, também não estará à frente. À frente de mim, apenas se colocam os obstáculos que me distanciam dos meus sonhos. E esses, ah, meu amor... Esses eu sei muito bem como derrubar.

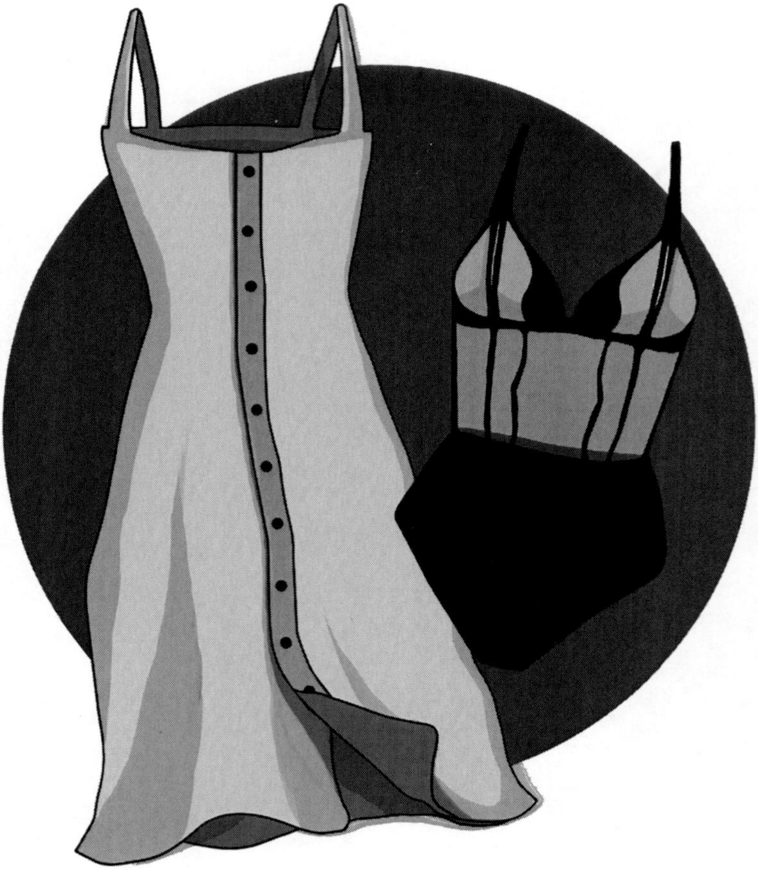

PRA CASAR X
PRA TRANSAR

Primeiro dia de aula na faculdade. Como se não bastasse todo o natural nervosismo envolvido no fato de dar o primeiro passo para a tal vida adulta, eis que me acontece algo a mais:

Depois de finalmente descobrir qual era a minha sala, e depois de passear por todo o prédio procurando por ela, enfim a encontrei. Respirei fundo três vezes, peguei o celular e cogitei a hipótese de ligar para a minha mãe, chorando desesperada, pedindo para que ela entrasse comigo. Mas você sabe... Se está havendo uma mudança de fase na sua vida, trate de se desvincular dos seus cordões umbilicais. Fui em direção à porta e a abri.

A primeira coisa que vi foi a sua imagem: sentado na carteira, uma das mãos batendo com a caneta levemente sobre a mesa e a outra disposta sobre o queixo, acariciando a barba. Quando eu te vi, alguma coisa muito estranha aconteceu dentro de mim. Eu me senti tonta, desnorteada, confusa. Meu coração acelerou-se por ter visto alguém que eu não conhecia, e eu realmente não entendi o motivo da minha euforia interna. Você era bonito, tudo bem, mas o que eu senti foi algo bem mais expressivo do que atração física.

Tentando fingir que estava tudo bem, ao mesmo tempo em que tentava entender o que estava acontecendo dentro do meu coração, eu disse:

– Bom dia.

Essas duas pequenas palavras ecoaram sobre a sala e eu passei alguns milésimos de segundos que pareceram uma eternidade, sentindo um profundo arrependimento por não ter simplesmente entrado de boca fechada e me dirigido a qualquer carteira para me sentar. Mas, até que enfim, uma voz surgiu do fundo da sala:

– Bom dia!

Eu olhei para você fixamente, e acho que não consegui disfarçar o que eu estava sentindo, porque você perguntou:

– Você está bem?

Eu apenas me concentrei na cor dos seus olhos e nos sentimentos que eles despertaram em mim. Eu senti saudades. Eu senti nostalgia. Eu senti felicidade. Mesmo sem nunca ter te visto antes.

– Estou, obrigada. Bom dia! – respondi.

Os dias foram se passando e eu sentia aquele mesmo turbilhão de emoções como da primeira vez em que te vi, sempre que você se aproximava.

Era início de uma nova semana quando, imersa nesse turbilhão de emoções, eu disse:

– Sim, claro.

Estávamos na cantina da faculdade, não havia nenhuma mesa vaga e você perguntou se poderia juntar-se a mim. E eu consenti.

Tentei me concentrar na minha refeição, e voltei meu olhar para baixo, para o prato que estava disposto sobre a mesa. Fui interrompida pela sua voz, dizendo:

– Qual o seu nome?

Meu coração acelerou-se desenfreadamente e, nesse momento, minha cabeça estava totalmente rodeada de pontos de interrogação. Estremeci. Mas, respondi:

– Vida.

Seu rosto formou uma expressão de desentendimento.

– Oi? Desculpa, não entendi – você disse.

– Vida é o meu nome. Meu pai diz que tentou convencer minha mãe de me dar outro nome, mas ela insistia em me chamar de Vida e ele me conta que ela até passava mal sempre que ele sugeria um nome diferente. Eu sei que é estranho. Às vezes acho lindo, outras vezes acho surreal. Mas não acho surreal o suficiente para sentir vontade de mudar. Até mesmo porque eu sei que isso magoaria a minha mãe profundamente – respondi.

Você olhou para mim e sorriu.

– Você é engraçada. Fala bastante, né? Sempre começa a falar sem parar assim quando um estranho se senta à mesa junto com você? – você perguntou.

– Você não é estranho para mim. – As palavras escapuliram pelos meus lábios antes que eu pudesse pensar que você receberia a frase sem entender absolutamente nada.

–Eu gostei de você, sabia? Adiciona meu número no seu celular. – Ele disse, super direto. Eu sorri e assenti:

– Claro, pode falar.

Anotei o número do seu telefone e depois que terminamos de comer, fomos cada um para um lado. Eu fui para a esquerda, você foi para a direita. Contei alguns segundos andando sem olhar para trás, por segurança, então virei meu corpo para ver você se afastando. Meu Deus, que sensação estranha.

E foi assim o começo de tudo. Em todos os outros dias da semana posteriores a esse primeiro contato, você esteve perto de mim. Seu sorriso me aquecia o coração e eu rapidamente passei a sentir vontade de ter você por perto. Perto de você eu sentia uma leveza que me adornava a alma.

Um dia, o beijo aconteceu. E eu juro, não me lembro exatamente de como foi, porque sinceramente, eu já me sentia tão conectada a você mesmo antes daquele momento acontecer, que o beijo isoladamente não fez tanta diferença. Nós conversávamos por horas, e eu nem via o tempo passar. Estar com você era tão bom que chegava ao ponto de ser uma terapia para mim.

Nós conversávamos à mesma mesa em que estávamos quando nos falamos pela primeira vez, na cantina da faculdade, quando seu celular, que estava disposto sobre a mesa, tocou. "Amor" era o nome do contato. Eu olhei para você, surpresa. E você me pediu licença para atender. Alguns segundos se passaram até que você voltasse à mesa e durante esses instantes eu me senti totalmente destruída.

– Era a sua namorada? Você tem namorada? – perguntei, surpresa.

– Sim. Para as duas perguntas – você respondeu.

– Uau. Quando você pretendia me contar? – Nesse momento a expressão de surpresa foi substituída pela expressão de raiva.

– Sinceramente, eu não sei. Não pretendia contar, mas também não pretendia me esforçar para esconder. Você é legal demais, Vida. Inclusive, você é demais em tudo. Bonita demais, inteligente demais, extrovertida demais. Chama muita atenção por onde quer que vá e isso me incomoda. Eu jamais poderia ter algo sério com você. Você usa roupas impróprias para uma mulher correta, você sabe disso, não sabe? Você fala demais e se eu der a mínima liberdade a você, sei que daqui a pouco fará vários dramas. Foi mal, mas você não é do tipo para namorar – disparou as palavras, que chegaram a mim como tiros no peito.

– Então para você existe a mulher para casar e a mulher para brincar, é isso que você está me dizendo? – perguntei, incisivamente.

– Bom, mais ou menos. Do jeito como você falou parece bem pior, mas acredito que seja por aí – respondeu.

Levantei-me da mesa e fui embora. A minha intenção era ignorá-lo completamente, para sempre, mas a minha estratégia não funcionou por muitos dias. Ele tentava se aproximar, e não demorou muito para que eu cedesse. Sim, nós transamos. Não uma, duas ou três vezes. Nós transamos todas as vezes em que ele conseguiu me convencer de que não havia motivos para ficarmos apenas conversando quando estávamos juntos e sozinhos, afinal, quando poderíamos ficar a sós novamente? E foi assim que eu passei meses apenas servindo de objeto sexual para alguém com quem eu estava desenvolvendo um sentimento profundo, porém não recíproco.

Enquanto eu não a via, fingia que ela simplesmente não existia. Que o mundo era cor de rosa, que ele era meu namorado, mas que só poderia ser meu namorado secretamente.

Mas essa ilusão acabou no dia em que ela surgiu na faculdade, segurando uma única flor nas mãos, e eu a vi entregando a flor a ele. Eles se beijaram, na frente de todos – algo que ele nunca fez comigo –, e seguiram andando de mãos dadas. Ela usava uma calça jeans azul, uma camiseta larga e o cabelo preso. Nada de maquiagem. Nada de short curto e meia calça. Nada de top cropped. Nada de salto alto. Ela não tinha nada a ver comigo.

Naquele momento, enquanto olhava para ela, entendi tudo. Ela era a mulher que ele considerava ideal para estar ao seu lado em público. Comedida, padrão. E eu? Eu era o furacão de expressões e sensações que atendia pelo nome de amante, e que só servia para satisfazer seus prazeres em momentos de restrição social. Ou seja: em um quarto escuro, num domingo à noite, quando ela achava que ele estava dormindo – mas ele estava comigo, na cama.

Toda essa submissão que partia de mim refletia a minha intensa necessidade de estar com ele, sempre que ele me chamava para ir ao seu encontro. Eu simplesmente não conseguia dizer não. Qualquer mínimo segundo ao lado dele era o suficiente para aquecer a minha alma, e eu sonhava acordada com o dia em que ele me chamaria de meu amor, na frente de um estádio inteiro.

Mas, como você deve imaginar, isso não aconteceu. Não aconteceu e, mesmo assim, aos poucos, ele foi me prendendo com seus tentáculos pegajosos. De repente, já estava influenciando as minhas escolhas de vestimenta, de maquiagem e de amizades. E eu cedia a todos os seus caprichos abusivos, mesmo que ele jamais fosse capaz nem sequer me abraçar em público.

Quando finalmente me cansei daquela situação clandestina, tomei coragem e disparei a ele a pergunta:

– O que ela tem de tão diferente de mim? Eu amo você, mas não posso sustentar isso. Me machuca demais. Você deve decidir o que quer, de uma vez por todas.

– Bom, basicamente, Vida, ela é para casar. Você é para o resto – ele respondeu, frio e abrupto. –Eu jamais namoraria uma mulher que se veste como você, que fala como você, que age como você. Eu não gosto de mulher, você sabe, com vocação para puta – continuou.

– Engraçado, você não parece não gostar de mim quando estamos sozinhos – respondi.

– É justamente esse o ponto. Eu e você apenas entre quatro paredes. Depois disso, tchau – ele disparou.

Cessei o assunto entre lágrimas. Fui embora, dei as costas e me afastei rapidamente. Que tipo de homem é esse que a sociedade criou, que divide as mulheres em grupos de segregação sobre as que são "para casar" e as que são "para transar"? Por favor, nós somos muito mais do que um conjunto de interpretações padronizadas que têm como principal termômetro questões relacionadas às nossas aparências e aos nossos comportamentos.

Só eu sei o esforço psicológico que fiz para me ver livre dos nós desse relacionamento totalmente incoerente. Por momentos eu acreditei que tudo em mim era incorreto, tudo, da cabeça aos pés. Eu nunca seria boa o suficiente para a realidade dele, e sempre estaria escondida atrás de uma porta gigante que tinha pendurada sobre a maçaneta, uma placa informando que o local estava ocupado. Como se nossos momentos juntos fossem crimes cometidos em uma restrição social absoluta, e atrás daquela porta estava a cena do crime. Como se eu servisse apenas para me manter escondida atrás daquela porta, imponente, que eu tanto lutava, mas não conseguia abrir.

Mas hoje eu sei quem sou, o que sou e aonde quero chegar. E passar por aquela porta para conseguir acercar-me do mundo dele e ser vista às claras, deixou de ser minha prioridade.

Eu sou bem mais que um rótulo. Hoje eu consigo afirmar isso.

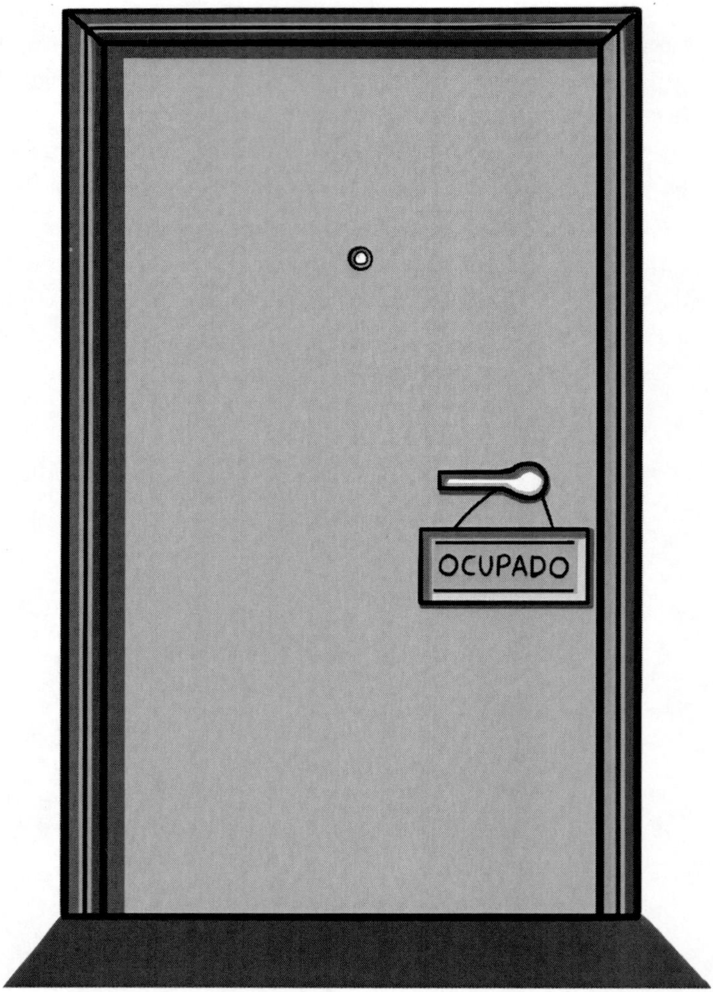
OCUPADO

VOCÊ PRECISA PENSAR FORA DA CAIXA

– Pai, amanhã vou passar a noite na casa do meu namorado. Essa foi a pergunta precursora de uma discussão terrível que jamais vou esquecer. Aconteceu em volta da mesa, durante o jantar. Quando se tratava de mim e dos meus desejos, dos meus planos, de tudo que se relacionava à minha liberdade, o tom da conversa sempre se apresentava mais ríspido. O fato é que hoje eu tenho 22 anos, estou no terceiro ano da faculdade, e sim, moro com os meus pais. Diariamente eu sentia a força da raiva tomar conta de mim devido às injustiças diárias que eu passava dentro do meu próprio convívio familiar.

Vou explicar: como eu disse, eu tenho 22 anos de idade. Sou a filha mais velha, mas tenho um irmão, homem, que acabou de completar 18 anos. Quando a frase evidenciada no início do texto partiu de um diálogo entre nossa família, durante um jantar, há 2 anos, meu irmão tinha 16 anos de idade – ou seja, era um adolescente. Mesmo assim, ele tinha vários direitos sociais dentro da nossa... digamos... constituição de leis familiar. Direitos esses que eu, aos 18 anos, tive que conquistar ao preço de muitos desentendimentos – que por vezes, quase deixaram minha mãe maluca.

Tudo começou quando proferi a frase acima em um tom de aviso, e não de pedido de permissão. Meu pai olhou profundamente em meus olhos, e disse:

— Isso não me parece um pedido, Júlia. Vou te dar a chance de refazer a frase.

Inconformada, respondi:

— Sim, pai, você tem razão. Não é um pedido. Estou avisando que passarei a noite na casa do meu namorado.

Meu pai levantou-se da mesa abruptamente, e minha mãe o segurou pelo braço.

— Calma, meu bem. Termine seu jantar — ela disse, calmamente.

— A culpa disso é sua, você não educou essa menina direito — ele respondeu, furioso, atacando minha mãe verbalmente.

— Primeiro ponto, pai: A responsabilidade da nossa educação não é só da nossa mãe. Segundo ponto: por que o Matheus pode sair para onde quiser sem dar maiores satisfações desde os 15 anos de idade? O senhor sabia que ele frequenta ambientes que são restritos a maiores de 18 anos desde quando ele tinha 15? O senhor já se perguntou se ele já usou drogas? — indaguei, irritada.

— O senhor acha que me protege quando me proíbe de estar onde eu quero estar, de namorar, de ser feliz!? Mas o senhor não me protege, o senhor me sufoca! É muito fácil apenas aplicar proibições sobre mim, educar é muito mais difícil, não é? E você parece não querer se dar ao trabalho. E pensa que prejudica somente a mim? — disse cada palavra olhando nos olhos dele.

— Eu concentrei todas as minhas energias na minha carreira. E você nunca me deu parabéns! E o Matheus? O que você tem feito pelo seu filho? O menino está completamente perdido! Em ano de vestibular e não sabe nem qual curso escolher. Ele está sem rumo, pai. E tudo isso porque você nunca deu limites a ele. Matheus pode fazer tudo que ele quiser. Quando você vai perceber que isso só o prejudica? — terminei minha fala, respirando fundo na tentativa de me acalmar.

Papai não disse uma palavra. Ficou olhando para mim fixamente, com uma das mãos sobre o queixo, e a outra mão disposta sobre a mesa.

– Você tinha que me incluir na discussão? Eu estou quieto aqui, não estou te atrapalhando em nada – meu irmão respondeu, em um tom debochado. Respondi algo que estava guardado havia anos em meu coração:

– Você é quem pensa! E está enganado! Você me atrapalha quando aceita que os nossos pais façam distinção entre nós devido a um único fator: o gênero. Você é homem, e eu sou mulher. Você deveria me ajudar se indispondo a isso. Mas você é conivente!

Levantei-me da mesa, limpando as lágrimas dos olhos. Tentando conter o choro, me dirigi até meu quarto, onde entrei e tranquei a porta. De lá, pude ouvir as vozes alteradas pelo estresse do momento, a discussão continuando à mesa. A voz da minha mãe era quase imperceptível diante dos gritos do meu pai. Meu irmão tentava se posicionar, mas eu ouvia a predominância da voz dos meus pais discutindo. De repente se fez o silêncio.

– Filha, abre a porta. – Ouvi a voz do meu pai, vindo do lado de fora do quarto.

– O que você quer? Me deixa ficar trancada aqui, não é assim que você gosta? – respondi.

– Por favor, filha. Eu amo você. Abre a porta, eu quero conversar – ele disse calmamente.

Caminhei devagar até à porta e a abri. Meu pai entrou e automaticamente me deu um abraço apertado. Voltei a chorar desenfreadamente diante daquele gesto. Eu o amava tanto! Eu o amo tanto! E eu precisava tanto que ele me apoiasse, que entendesse minhas vontades e escolhas.

– Filha, me desculpe. Eu não faço nada disso por mal. Eu fui ensinado assim por toda minha vida. Homens se comportam de uma maneira, mulheres de outra. E eu nunca tinha pensado de outra forma, até ter você. Todas as minhas proibições são tentativas de proteger você do mundo, filha. Os homens são cruéis e eu não quero que você sofra por isso.

– Pai, então está na hora de você começar a pensar de outra maneira. Você não pode disseminar o discurso de que "os homens são assim". Dessa forma o senhor dá permissão ao Matheus para se transformar em um homem machista e desrespeitoso, ao mesmo tempo em que me impede de viver minha vida e prosseguir com meus planos! Você não se preocupa com isso? Você não se importa com a gente? – perguntei francamente.

– Vocês dois são a parte mais importante da minha vida. A nossa família é o que eu tenho de mais importante na vida – respondeu sinceramente.

– Pois bem, nós temos que recomeçar. Você tem que parar de disseminar o machismo aqui dentro da nossa casa. Imagina como eu e a mamãe nos sentimos, pai! Quando nós colocamos os pés para fora de casa, como mulheres, automaticamente temos que lidar com as múltiplas implicações do machismo. E essas implicações se estendem ao nosso ambiente familiar. Eu não posso sair com meu namorado, minha mãe não pode sair com as amigas. Você acha correto adotar esse comportamento por simplesmente nunca ter se instigado a pensar diferente?

– Não, filha – ele respondeu, direta e rapidamente.

– Enquanto você não começar a pensar fora da caixa, vai me prejudicar. A mim, à mamãe a ao Matheus. Pense nisso. Boa noite. Agora por favor, me dê licença – eu disse, encerrando a conversa.

Passaram-se 2 anos, e depois desse dia tenso, meu pai começou a me dar a maior prova de amor possível: ele dedicou-se a me entender, dedicou-se a abrir os olhos quanto aos argumentos vazios das determinações machistas e, com isso, nosso convívio familiar tornou-se mais leve.

E foi incrível, porque nós nos aproximamos muito mais quando ele abriu seus braços para mim, me acolheu e teve a postura de buscar compreender cada um dos meus sentimentos de inconformidade. Eu sentia algo como quando eu era criança, quando ele me ensinava a andar de bicicleta. Mas, naquele momento, era eu quem o estava ensinado a desvincular o raciocínio machista das suas atitudes.

Toda essa situação que vivemos me faz refletir que por vezes, a ira, a raiva, a indignação toma conta de nossos corações e não deixa espaço para que se cultive a empatia, a persistência, e a vontade de ensinar nossa família a encontrar um novo olhar sobre o mundo. Infelizmente a sociedade se constituiu embasada em um mecanismo patriarcal que sustentou explicitamente as condutas sociais por muitos anos, e foi preciso que várias mulheres lutassem, sofressem e até morressem para que esse cenário fosse modificado.

Quando eu tinha 19 anos discuti com meu pai sobre uma viagem que eu queria fazer para um congresso acadêmico, e aos 22 discuti devido a tantas complicações atribuídas ao meu simples desejo de passar a noite com meu namorado. O que essas discussões têm em comum? O comportamento machista intrínseco em um homem que deveria torcer para o meu crescimento e amadurecimento, tanto pessoal quanto profissional, mas que estava permitindo que as premissas machistas se colocassem em superioridade com relação ao amor paterno que ele sentia por mim.

Um dia, eu disse ao meu pai:

– Eu não o julgo. Deixe que eu lhe explique tudo, deixe que eu lhe mostre tudo aquilo que está errado. Porque, se depois disso, você não mudar a sua postura, eu vou desistir de nós. Mas eu sei que não vou precisar, porque apesar da predominância machista dos seus pensamentos, eu acredito que você me ama. E acredito que você pode aprender a pensar diferente.

Foi um grande resgate. Resgatamos a nossa relação que já estava tão desgastada devido aos vários embates ideológicos que tivemos. Mas, quando meu pai abriu seus braços para mim, abriu a mente e abriu seu coração, o cenário de amor e paz começou a substituir o cenário de hostilidade.

Foi como se eu tivesse dito a ele:

– Pai, segura a minha mão? Eu quero ensinar você a pensar fora da caixa. Ou então, infelizmente eu não sei por quanto tempo mais eu ainda sentirei orgulho de ser sua filha, e de chamar você de pai.

E, felizmente, meu pai permitiu que o amor entre nós prevalecesse em relação ao universo machista, segurou firmemente a minha mão, e disse:

– Eu ensinei a você a ser honesta, a ser uma boa pessoa, a não distinguir ninguém por questões financeiras. Ensinei você a dar bom dia para o presidente do Brasil e para o porteiro da escola, do mesmo jeito. Me ensina o que a vida não me ensinou, filha. Eu não quero perder você.

Ah, pai, obrigada! Obrigada por ter me permitido mostrar a você que existe um mundo fora da caixa. Obrigada por não ter permitido que o machismo destruísse o nosso amor. Obrigada por ter confiado em mim. Obrigada por não ter desistido de nós.

REBELDE, SELVAGEM, SEM MODOS

As pessoas dispõem sobre mim esses e tantos outros rótulos, utilizando a justificativa de que o meu comportamento e minhas ações não são louváveis para uma mulher. Imagine só, um povo que foi rigorosamente oprimido durante anos – e até hoje ainda é – tendo que, obrigatoriamente, viver seguindo regras que estavam estabelecidas antes mesmo do seu nascimento.

Esse povo é o povo feminino.

Refletindo, logo surge em meu interior o seguinte questionamento: quantas mulheres foram perdidas pelos caminhos da sociedade que se constituiu em cima do machismo? Pés cravados sobre ele, pisando nos rostos de toda e qualquer mulher que tentasse fugir àquelas regras.

E foi assim por muito tempo: eles nos fizeram acreditar e disseminar para nossas filhas e netas a afirmativa de que as mulheres existiam nesse mundo para um único propósito – satisfazer às necessidades masculinas. E isso era irrevogável. Você, como mulher, apenas tinha de escolher em qual lado preferiria ficar: o lado oficial ou o lado extraoficial.

Isto é, é fato que a mulher nasceu para satisfazer às necessidades masculinas. Cabe a você escolher se ocupará o papel de satisfazer a necessidade masculina sobre constituir uma família, para que ele mostre à sociedade que é um homem de bem, ou se ocupará o papel de satisfazer a necessidade masculina no momento em que se torna uma mulher "da vida", e passará o resto dos seus dias de juventude a submeter o seu corpo aos desejos sexuais masculinos. Sim, de juventude. Afinal, seu corpo tem prazo de validade no que diz respeito à opção dois.

E a opção dois era um alto preço a pagar pela comum falta de oportunidade de crescimento feminino naquela época, assim como também era o preço a ser pago por mulheres que não suportavam a ideia de viver debaixo das garras de seus maridos e sentiam a necessidade de, ao menos, sentir um leve gostinho de liberdade. Bem como era o destino declarado de mulheres que deixassem de ser virgens antes do casamento e fossem descobertas.

Sim, essas mulheres tinham a consciência de que não seriam respeitadas da mesma maneira como as esposas dos homens da cidade, quando saíssem às ruas em uma manhã de domingo. Mas as suas alegrias da vida eram vinculadas à possibilidade de se sentirem minimamente livres para escolherem usar as suas roupas como bem quisessem, seus cabelos como bem quisessem, e para usar maquiagem em seus rostos. Afinal, elas já haviam se tornado mulheres não respeitáveis, o que mais poderiam colocar a perder? Já haviam perdido tudo, por assim dizer.

Precisar vender seu corpo a vários homens e manter-se de alguns trocados oriundos de relações sexuais que aconteciam em cabarés era um preço alto e injusto a ser pago por mulheres que, por algum motivo, fugiam das regras. Assim como também me parece um preço altíssimo a pagar, precisar submeter seu corpo aos mandos e desmandos de um marido que vê sua esposa como mais um dos seus objetos agrupados pelas prateleiras da casa, e nada mais além disso. O que me faz chegar à conclusão de que, entre prostitutas e esposas, ambos os grupos tinham algo em comum: viviam a mercê das necessidades masculinas. E não consigo me conformar com isso.

Você pode pensar: tudo bem, mas isso é coisa do passado. Mas eu lhe afirmo: nem tanto. Eu não estou no passado, vivo aqui, no presente. E ainda assim sou rotulada a algo que mais se aproxima da mulher feita para o cabaré, devido ao fato de simplesmente me comportar como a mulher livre que sou. E assim, constantemente tenho minha personalidade colocada em comparação ao que seria um comportamento feminino ideal. E nunca, nunca passo no teste.

Tudo isso porque escolhi viver a vida em sua multiplicidade. Tudo isso porque escolhi me vestir como quero, usar o cabelo como quero, usar meu dinheiro como quero – abraçando as várias possibilidades, desde presentear meus sobrinhos a gastar com bebidas à noite.

Você percebe alguma semelhança? Uma mulher que se comporta socialmente de maneira semelhante à forma como um homem se comporta é automaticamente equiparada à prostituta, a algo descartável, a objeto de satisfação e desejo masculinos. Automaticamente selecionada como o perfil de mulher perfeita para estar ao lado de um homem, mas apenas nos momentos de farra. Parece impossível, aos olhos da sociedade, que uma mulher tenha o direito de ser tudo aquilo que quiser ser. Principalmente quando esse "tudo" não inclui as comuns destinações sobre a vida feminina.

Sigo a minha vida, e posso falar francamente? Não me importo. Não me importo para o que dizem sobre mim pelos quatro cantos daquela empresa na segunda feira de manhã, depois que todos acompanham meus passos de fim de semana pela rede social. Felizmente, diferente de tantas outras mulheres, do passado até a atualidade, eu tive a oportunidade de estudar, me especializar, me transformar em uma profissional irrecusável dentro do meu ambiente de trabalho.

E essa é a minha arma. É com ela que eu me defendo. A minha competência é inquestionável, e ela caiu como uma luva sobre todos os outros aspectos da minha vida. Portanto, antes de ouvir insultos de qualquer homem que venha me rotular como algo que não sou – afinal, eu não sou uma coisa só –, primeiro ele deve se colocar diante de mim de igual para igual.

Sabe aquele ditado... Vamos ter uma conversa de homem pra homem? Pois bem. Quer me questionar? Primeiramente, nós vamos conversar: de mulher pra homem.

E aí, querido, você vai encarar?

VIRGINDADE

Existe um universo místico tão grande envolvido sobre a primeira vez, que sinceramente, me senti abalada quando vivi esse momento e não aconteceu nada de tão surreal. Primeiro ponto: eu realmente acredito que não deveríamos tratar do assunto como "a primeira vez". Ao contrário, deveríamos tratá-lo como "as primeiras vezes." Se eu tivesse tido essa consciência antes, talvez as coisas pudessem ter sido menos traumáticas.

Sim, porque a minha primeira vez foi, com certeza, a coisa mais estranha que me aconteceu na vida. Desde os 15 anos eu lia sobre o assunto, de recomendações médicas e segurança sexual, a relatos de outras meninas em revistas e sites para adolescentes. E os tópicos citados sempre se relacionavam ao suposto comportamento adequado para uma menina nessa situação: agir como uma princesa submissa aos encantos do seu príncipe.

E foi embasada nessa premissa que me preparei para o tal grande momento. Resultado: as únicas coisas que senti foram dor, algum frio na barriga e estranhamento.

A sexualidade feminina é tratada como um grande tabu, e esse tabu se torna mais expressivo ainda quando falamos do início da prática sexual feminina. Colocamos as meninas dentro de uma redoma de vidro: protegidas, porém, por uma camada frágil e pronta para ser quebrada a qualquer momento pelo primeiro bad boy que conseguir conquistar a princesa virgem.

As meninas são instruídas pela sociedade a manter-se dentro dessa redoma e a protegê-la com unhas e dentes, para que não seja quebrada por um menino qualquer. Esse é o momento em que você se pergunta: o que é um menino qualquer?

O machismo oprime muito mais as mulheres, isso é fato, porém, também se reflete em consequências negativas para o universo masculino. Enquanto as meninas se preparam para entregar seu corpo a um príncipe encantado, acreditando veementemente que ele está devidamente preparado para receber seu corpo nu e tudo o mais que está envolvido nisso, os meninos se preparam para finalmente, reproduzir, utilizando seus próprios corpos, tudo aquilo que consumiram em anos de construção equivocada sobre os pilares do sexo.

Consumindo pornografias das mais variadas fontes e sem qualquer orientação que os faça repensar essa estratégia nada eficiente de educação sexual. Tratamos os nossos meninos como se fossem máquinas preparadas para exercer práticas sexuais automaticamente, e tratamos as nossas meninas como princesas veladas aguardando para que um dia um príncipe venha à sacada do seu castelo e cante uma linda canção, fazendo com que ela se sinta privilegiada diante de tal demonstração de admiração. Privilegiada ao ponto de se sentir segura para manter uma relação sexual com esse príncipe que bateu à sua porta.

Essa fantasia precisa ser desfeita urgentemente! Você já pensou que, se não existissem essas construções padrão sobre o início da sexualidade, que se diferem em suas configurações – uma para o universo feminino e outra para o universo masculino – teríamos por consequência, meninos e meninas mais seguros de si e menos traumatizados no início de sua prática sexual?

O machismo transforma meninas em virgens perfeitas e praticamente intocáveis, ao passo que transforma os meninos em selvagens sexuais abruptos. Estreitando as inúmeras possibilidades de personalidade sexual possíveis de serem apresentadas por alguém, independentemente do seu gênero. O que significa dizer que uma menina pode sim, sentir-se mais à vontade com relação a sexo do que um menino da mesma idade. Também significa dizer que um menino pode se sentir desconfortável ao imaginar o início de sua prática sexual e temer este momento.

A construção social machista preestabelece o comportamento esperado para as meninas e para os meninos, e quando ambos se distanciam desse comportamento padrão, acontece uma descompensação emocional prejudicial para o jovem. Uma menina que compreende o sexo de maneira natural, sem medo de falar sobre prazer, sem medo de sentir prazer e sem medo de dar prazer a outro alguém, é automaticamente titulada como disseminadora de libertinagem. Por sua vez, um menino que cultiva apreensão, medo e nervosismo ao pensar sobre a possibilidade de, de fato, dar início à sua prática sexual, automaticamente tem a sua orientação sexual colocada em pauta.

E esse padrão bilateral que se compõe de uma única possibilidade de comportamento possível para os meninos e para as meninas, acaba tomando proporções gigantescas e se estendendo para outros aspectos da vida desses jovens.

Os meninos passam a dividir as meninas entre garotas perfeitas para serem suas namoradas, e garotas perfeitas para serem suas parceiras sexuais – e acreditam veementemente que é impossível encontrar os dois perfis em uma única menina.

As meninas dividem os garotos entre os príncipes encantados e os bad boys, e passam a difundir o mesmo raciocínio de segregação aplicado a elas: os príncipes jamais magoarão seus corações sensíveis, mas os bad boys sabem como fazê-las se sentirem no céu.

E assim, desde cedo, reforçam-se os conceitos sexistas que ocupam espaço na base da pirâmide do machismo: reduzimos a natural complexidade humana a uma caixinha fechada de comportamento padrão, onde cada gênero – feminino e masculino – segura a sua, como se fosse o objeto mais precioso do universo.

Hoje eu sei que tive, pelo menos, dez primeiras vezes, no plural. Foi necessária prática para que eu me desvinculasse desses padrões, para que abrisse a caixinha e colocasse dentro dela novas possibilidades. Precisamos parar de propagar o machismo em todos os seus âmbitos, assim como devemos parar de propagá-lo no que diz respeito à sexualidade de meninos e meninas, homens e mulheres.

O sexo não precisa ser traumático. Abrindo o leque de possibilidades, diminuímos a culpa, o medo e as projeções negativas feitas pelos jovens sobre aquilo que constitui a prática sexual. Meninas não são princesas inocentes que esperam por um príncipe para beijar seus lábios e conduzi-las magicamente à prática de todo o resto. Meninos não são animais selvagens líderes de todo o bando, que nasceram prontos para o momento exato em que precisariam domar a sua fêmea debaixo de seu corpo quente e mecanicamente preparado para a prática sexual.

E, acredite: esse comportamento bilateral definido por gênero tende a não cessar após o término do período de descobertas que acontece na adolescência. A falta de educação sexual desprendida de padrões machistas e sexistas continua influenciando os comportamentos emocionais dentro das relações interpessoais de pessoas adultas, bem como segue a influenciar seus comportamentos sexuais.

Resultado disso: meninas que sofrem muito em seus primeiros anos de atividade sexual, e meninos que crescem achando que sabem tudo sobre sexo quando, na verdade, não sabem tanto assim. E, no futuro, tornam-se mulheres adultas totalmente inseguras quanto à sua própria personalidade e a seu comportamento sexual, e homens cegos que acreditam que jamais precisarão repensar a sua postura e a reformular em algum momento.

Quando vamos compreender que o machismo estrutural é negativo para toda a sociedade, e sobre os mais variados aspectos? Precisamos ver mais mulheres falando sobre sexo, atuando na educação sexual da população e reforçando a desvinculação social sobre os padrões relacionados a sexo. Afinal, as consequências são inúmeras e muito mais graves para as meninas: cultivando o estabelecimento do cenário machista, criamos meninos incapazes de ouvir um claro "não" sem a necessidade de depreciar meninas por exercerem a sua liberdade de escolher se querem ou não se relacionar sexualmente.

E assim, desencadeia-se um processo capaz de produzir desde prejulgamentos que se colocam acerca da imagem de meninas e meninos, até violências sexuais graves que estão vinculadas a essa dificuldade masculina de ouvir "não".

Educação sexual não é sinônimo de estímulo sexual precoce. Educação sexual bem direcionada é proteção para os nossos jovens, além de ser um mecanismo capaz de resultar em adultos mais seguros e conscientes de suas possibilidades sexuais, suas preferências e principalmente: seus limites.

O QUE É SER MULHER?

A pergunta do título instiga-nos a formular, mentalmente, a primeira imagem de mulher que nos remete à memória. Defina essa mulher que você idealizou em 4 palavras agora. Feminina, magra, loira, maquiada? Ou seria vestida usando roupas sociais, salto alto nos pés, cabelos longos e bolsa a tiracolo? Pense bem na idealização que formulou e prossiga com a leitura do texto.

Ano passado participei de um evento acadêmico que reuniu alguns profissionais da área de nutrição, para que promovessem palestras ao público participante. Duas nutricionistas estavam presentes para que palestrassem sobre as suas pesquisas de mestrado, que apresentavam uma interessante correlação entre si. Eu estava junto a uma amiga na plateia. Assistimos à palestra das duas profissionais, e logo depois do término, iniciou-se o horário do intervalo. Fomos até o restaurante do centro de convenções para almoçar, e, já sentadas à mesa, minha amiga fez um comentário que posteriormente, me instigou a pensar sobre o seguinte questionamento: O que é ser mulher?

— Bia, você percebeu como elas eram diferentes? — perguntou Natália, fazendo um movimento com as mãos sobre o seu rosto, como se estivesse insinuando algo sobre a diferença entre as aparências das duas profissionais.

— Amiga, você achou? Eu achei que as áreas de estudo das duas se assemelham e se complementam bastante. — respondi, fingindo não entender o real sentido da pergunta.

— Não, Bia. Não é disso que eu estou falando. Uma era tão feminina, usando aquela saia lápis linda, super apropriada para uma apresentação de palestra. Cabelo escovado, saltinho, tão linda e profissional. A outra estava usando uma camisa social qualquer, calça jeans, sapato baixo e o cabelo preso em um coque. Eu achei que a segunda é um tanto desleixada, para alguém que exerce um papel tão expressivo na área de pesquisa que elas desenvolvem, sabe? – Natália respondeu com muita sinceridade.

– Mas, amiga... Eu achei a apresentação dela tão clara, tão coesa, tão prática. Nem levei em consideração essa questão da aparência. Acho que o importante era passar o conteúdo, e ela não desleixou nesse aspecto, que para mim é o principal.

– Hum... É algo a se pensar, realmente – respondeu Natália.

Logo depois mudamos o assunto da conversa. Porém, à noite, antes de dormir, a fala de Natália não saía de meus pensamentos. Afinal, o que a sociedade compreende como mulher?

O que é a tal feminilidade? O que são unhas pintadas, maquiagem no rosto e cabelo feito, além de apenas preferências pessoais quanto à própria aparência? Tais aspectos precisam mesmo ser diretamente associados à imagem de uma mulher titulada como feminina?

Não. Esses padrões são extremamente limitantes. Mas existem razões capazes de explicar a comum associação feita pela sociedade entre características físicas e comportamentais específicas e a imagem padronizada de uma mulher.

Pois bem, vamos utilizar um exemplo que fez parte do dia a dia de algumas mulheres em seu período de infância: *As meninas superpoderosas*. A série de desenhos animados criada pelo desenhista e animador norte-americano Craig Douglas McCracken retrata as aventuras de três meninas que nasceram a partir de um acidente em um laboratório.

Mas o que chama a minha atenção é a personalidade atribuída a cada uma delas: Florzinha é a mais madura e sensata, portanto, a líder do grupo. Lindinha é a mais doce e meiga entre as três, o que a faz se magoar mais facilmente em relação às outras meninas. Docinho é a mais séria, a mais rude, a mais fria entre as meninas superpoderosas.

O desenho se tornou muito popular em meados dos anos de 1990 e permaneceu como uma febre entre as jovens meninas por pelo menos 10 anos. Mas, como se refletia na vida e no comportamento das meninas telespectadoras da animação, a delimitação estrita sobre os comportamentos de cada uma das personagens?

– Eu quero ser a Florzinha! – diziam as meninas que gostavam da aparência feminina padrão da personagem, cabelos longos, roupas em tons de vermelho e cor de rosa.

– Florzinha? Ah, que nada! Eu quero ser a Docinho! – diziam as meninas que se identificavam com a desconstrução da feminilidade padrão apresentada pela personagem, que tinha um comportamento mais firme, mais rude e mais intolerante.

– Ah, eu gosto mais da Lindinha! – diziam aquelas que se inspiravam na personalidade meiga, doce e gentil da personagem.

E assim se fortalecia entre as meninas a ideologia de que o comportamento feminino é básico e nada plural. Você é meiga ou intolerante, você é líder ou infantil. Você é uma coisa só.

Esse é apenas um exemplo que demonstra o enorme conjunto de referências limitantes que tínhamos naquela época, e que foram capazes de exercer influências sobre o comportamento feminino até os dias atuais. Quase que inconscientemente, separamos as mulheres por faixas de comportamento e aparência – o que se tornou uma prática frequente imersa no contexto social.

Precisamos nos desvincular desses padrões. O que é uma mulher? Uma mulher é mil e uma coisas. Definitivamente, a feminilidade não deveria ser medida por questões de aparência ou de comportamento. Feminilidade, para mim, é uma palavra que engloba mulheres de todas e quaisquer aparências, comportamentos, cargo ou funções, que lutam diariamente diante dos inúmeros obstáculos que se colocam à frente da comunidade feminina quando uma mulher tenta executar o mesmo papel que um homem executaria e não é aceita, compreendida e admirada da mesma forma.

Não devemos ensinar mulheres a restringirem seu comportamento a um padrão para serem socialmente aceitas. Devemos apoiar mulheres a se comportarem como seres humanos completos e complexos, e apoiar a sustentação do infinito leque de possibilidades de atuação, comportamento e aparência que se dispõe sobre a comunidade feminina, anulando limitações que inibem a progressão das conquistas femininas sobre liberdade. Liberdade de ser, agir, vestir, falar e estar onde e como quiser.

Afinal, os padrões nos sufocam. A liberdade, por sua vez, nos faz voar!

QUEM MANDOU ABRIR AS PERNAS?

Quando eu estava no primeiro ano do ensino médio, muitas amigas estavam prestes a completar 15 anos. Então se iniciou a temporada das festas, que causavam todo um burburinho na sala de aula – quem seria convidado? E quantos casais se formariam na pista de dança?

O aniversário da Sarah era o próximo da lista, e ela convidou quase todo mundo da turma – o que fez com que o aniversário dela se tornasse o evento do ano entre nós. Eu e minha amiga Camila fomos convidadas para a festa. Assim como Henrique, o carinha por quem Camila morria de amores desde o início da oitava série.

– Nanda, Nanda! Ele vai, você viu? A Sarah entregou o convite a ele! – Disse Camila, sem conseguir conter o entusiasmo.

– Eu vi, sim, Cami. Que legal, né? Você gosta dele, não é? – Perguntei calmamente, na contramão da euforia de minha amiga.

– Se eu gosto dele? Eu sou apaixonada por esse garoto! Esse dia vai ser incrível, vou estar maravilhosa, você vai ver! – ela respondeu, a voz carregada pelo peso da ansiedade.

Os dias se passaram e eu percebia que a Camila tentava se aproximar cada vez mais de Henrique. Lanchavam juntos, estavam sempre juntos durante os intervalos entre uma aula e outra. Até então, tudo bem. O que haveria de acontecer de tão grave? Éramos adolescentes e os dois estavam apenas paquerando, nada fora do comum.

Chegou o dia da festa. Camila e eu combinamos de partirmos juntas de minha casa. Era fim de tarde quando ela chegou e subiu para o meu quarto, trazendo uma mochila nos braços.

– Vou tirar meu vestido da mochila para não amassar demais, ok bem, Nanda? – ela perguntou.

– Claro, amiga. Deixa sobre a cama – Respondi.

Quando Camila abriu a mochila e puxou o vestido para fora, junto dele, caiu sobre a cama uma calcinha fio dental preta, de renda. Estranhei imediatamente. Não é que eu precise opinar sobre a roupa íntima de quem quer que seja, mas, eu uni os pontos em pensamento: festa à noite sem os pais – calcinha fio dental de renda – presença do Henrique. Um sinal de alerta foi acionado em mim, como em um computador prestes a dar pane.

– Camila, pra quê essa calcinha? Não é desconfortável demais? Vamos andar, pular, dançar. Acho que usá-la nessa ocasião vai causar um incômodo – disse a ela.

– Ai, Nanda, por favor! Assim você me constrange. Eu gosto de usar calcinhas desse tipo, é só isso – ela respondeu, tentando terminar o assunto o mais rápido possível.

Diante da resposta dela, que demonstrou claramente o incômodo sobre a minha pergunta, eu decidi não questionar mais nada. Já na festa, Camila não parava de olhar para o celular, como se estivesse esperando uma mensagem ou ligação.

Quando ele chegou, dirigiu-se até a mesa à qual estávamos sentadas e apenas uma troca de olhares foi o suficiente para que ela levantasse e o acompanhasse pelos ambientes da festa. Eles ficaram juntos no início da festa e às vistas de todos, mas em um certo momento, passei a sentir falta dos dois pelo recinto.

Peguei o celular e liguei para a Camila. Totalmente em vão, ela não atendeu as minhas ligações. O tempo foi passando e eu simplesmente não aproveitei nem um minuto sequer da festa, porque eu não a encontrava em absolutamente nenhum lugar. O que eu falaria para os meus pais se chegasse em casa sem ela?

Finalmente, Camila ressurgiu. Veio até mim perguntando se nós já iríamos embora, e eu rapidamente percebi que seu cabelo estava desarrumado e sua maquiagem, borrada.

– Onde você estava?! – Perguntei, incisiva e irritada.

– Eu... Eu estava... Lá fora. Eu já voltei, não precisa se preocupar – ela respondeu, com a voz estava baixa e comedida.

Fomos embora da festa e, nos dias seguintes, ela fugiu do assunto todas as vezes em que eu a questionei sobre seu sumiço no aniversário da Sarah. Estava cada dia mais estranha, distante e pensativa. Uma expressão de preocupação tomava conta de seu rosto a todo tempo, o que me fez começar a formular hipóteses do que poderia ter acontecido aquela noite.

Será que aconteceu alguma coisa entre ela e o Henrique? Essa pergunta não parava de rodopiar entre meus pensamentos diários. Até que um dia, durante o intervalo na escola, foi finalmente respondida.

Estávamos lanchando juntas quando Camila passou mal. Sentiu-se enjoada e correu para o banheiro. Vomitou tanto que pensei que ela cuspiria todo o trato gastrointestinal pela boca! Depois que o pior havia passado, respirei fundo e perguntei:

– O que aconteceu naquela noite quando você sumiu do aniversário da Sarah?

Ela começou a balançar a cabeça de um lado a outro em sinal de negação, e logo em seguida se desfez em lágrimas, em um choro intenso e descompensado.

– Eu e o Henrique transamos. E eu acho que estou grávida.

As palavras dela me provocaram um susto imenso! Mas, em vez de questioná-la, repreendê-la e discutir, apenas a abracei e tentei acalmar seus soluços.

Aquele foi o primeiro dia de todos os outros que viriam. O dia oficial do início da jornada que se iniciaria dali em diante.

De fato, ela estava grávida. A casa do Henrique era próxima do local onde aconteceu a festa, e naquele dia, eles aproveitaram a ausência dos pais dele para ficarem a sós.

Mas não souberam prevenir as possíveis consequências – e uma delas, era a gravidez. O fato estava consumado. E o que aconteceu depois foi algo capaz de engrandecer ainda mais a tensão do cenário dessa história.

Os pais de Henrique mudaram-se de cidade e o levaram junto. Dois empresários de nomes conhecidos, que não queriam ter suas imagens associadas ao grave deslize de seu filho, que se tornaria pai antes mesmo de terminar o ensino médio. Henrique fugiu das responsabilidades e deixou Camila sem nenhum apoio, como se ela tivesse sido a única responsável pelas consequências da ação cometida pelos dois. Camila ficou conhecida na escola como "A menina que abriu as pernas". Não aguentou o peso da discriminação e parou de estudar.

Eu acabei de chegar da casa dela, o bebê tem um mês. Ela está completamente destroçada. Desfeita em pequenos pedacinhos. Seus pais estão furiosos e tratando-a com indiferença. Sua mãe lançou frases como:

– Por que você não se preveniu? Não pagava escola à toa! Não vem dizer que não sabia o que fazer para evitar isso!

Seu pai, furioso, entrou no quarto em um dado momento e disse:

– Ei, criança, vai lavar a louça que você sujou para fazer o leite dessa outra criança!

Minha amiga está sendo tratada como uma verdadeira criminosa. Humilhada a todo instante, sem apoio, sem esclarecimento, sem suporte. Inclusive, tenho certeza de que foi justamente essa falta de suporte que funcionou como fator potencial para que ela sentisse a necessidade de fazer tudo escondido.

Mas, e o Henrique? Bom, ele está lá, em outra cidade. Vivendo a vida de adolescente normalmente e sem assumir nenhuma responsabilidade devida. Ninguém está dispondo sobre ele julgamentos relacionados ao seu comportamento, seu corpo ou o titulando com nomes hostis e pejorativos. Afinal, ele é homem.

Totalmente normal, não é? Você sabe como são os garotos. Você sabe como são os homens. E se não sabe, deveria saber... Afinal, quem mandou você abrir as pernas?

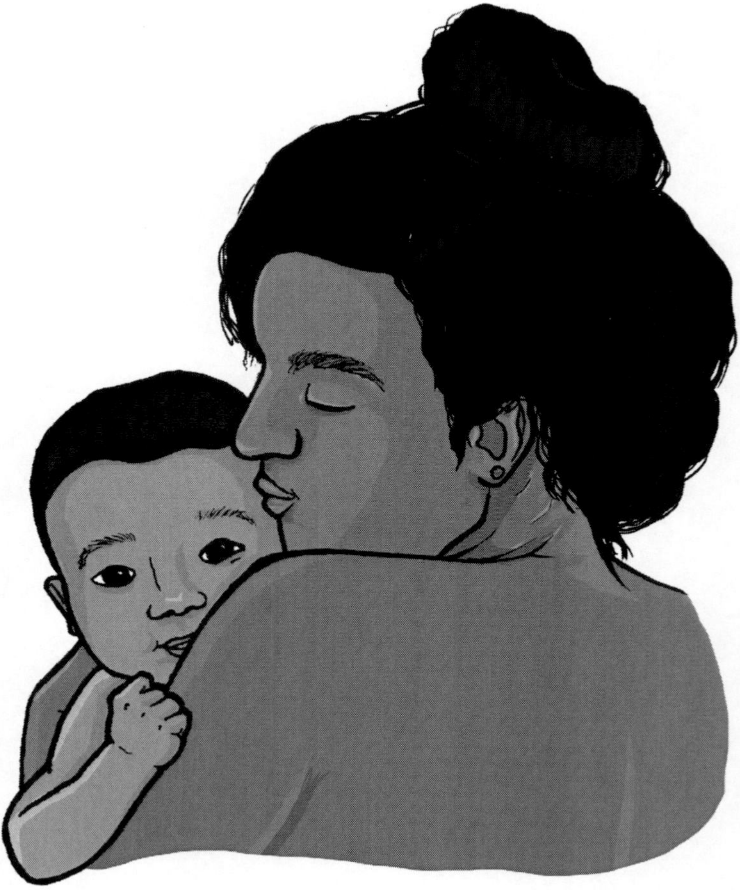

MÃE: UMA SENTENÇA

Quando você chegou o mundo amanheceu. Claro e ensolarado, como em uma manhã que chega sutilmente para acalmar os ânimos depois de uma noite inteira de tempestade e trovões.

E a cada dia que se passava, eu procurava compreender você, aprender sobre as suas necessidades, seus medos, suas alegrias, suas frustrações. Você nasceu e eu tive que aprender mil lições práticas e afetivas. E quando eu estava começando a achar tudo um pouco mais fácil, você mudava de fase e a saga do aprendizado iniciava novamente.

Mas foi por meio de você que descobri os sentimentos mais lindos, as angústias mais intensas e o cansaço mais recompensador que existe. Eu achava que sabia o que era medo, até ver você no leito de um hospital, com aquele rostinho frágil, fazendo tratamento para curar uma pneumonia. Eu achava que sabia o que era culpa, até ver você diante dessa situação e procurar em mim mil motivos que teriam sido os responsáveis pelo desenvolvimento da doença. E mesmo que o médico repetisse para mim, incansavelmente, que crianças têm a imunidade frágil e que aquele tipo de patologia era comum para a idade, eu continuava insistindo em encontrar em mim a culpa.

Sentimento este que refletia o meu intenso desejo de estar no seu lugar. Curioso, nós, mães contemporâneas, passamos tanto tempo discursando sobre a necessidade de mantermos ativos todos os aspectos da vida para que a maternidade não nos adoeça, e de repente, todos os meus discursos pareceram não ter valor algum. Eu desistiria de todos os meus compromissos, planos, sonhos e desejos para estar em seu lugar naquele momento.

Sabe, filho, autor nenhum será capaz de lançar uma cartilha perfeita sobre a maternidade. Ninguém estará totalmente apto a falar sobre tudo que a envolve com absoluta propriedade. Nós acertamos, erramos, e tantas vezes erramos gravemente tentando acertar.

Eu não sei se um dia passarei por cima dos seus desejos motivada pelo medo de ver você magoado, mas provavelmente, passarei. Portanto, desde já peço desculpas! Meu coração se destrói apenas por imaginar seu rosto coberto por lágrimas depois que o mundo lhe der o primeiro susto.

Eu não sou perfeita. E nunca serei. Ainda que a sociedade venda uma imagem de maternidade absolutamente desprovida de erros, e classifique a maternidade por grupos de mães que mais se aproximem dessa postura, e que por vezes convença os filhos de que suas mães devem ser tudo aquilo que eles vendem... Filho, eu não serei perfeita.

Em algum momento me sentirei cansada e eu estaria mentindo se dissesse a você que jamais, nem por um segundo, sinto falta da vida que eu tinha quando você ainda não estava aqui. Mas não se sinta entristecido. Esse sentimento é importante para que eu perceba que, apesar de todas as dificuldades, ter você comigo é a parte mais maravilhosa dessa vida.

Porque quando as responsabilidades oriundas das minhas outras funções nessa terra apertam-me a garganta e me sufocam o espírito, eu olho para você: tão lindo e sorridente. E imediatamente meu coração se enche de paz. E ainda que você não esteja tão sorridente assim, ainda que esteja em um dia não tão bom, chorando pelos cantos e sofrendo os martírios envolvidos no processo de compreensão sobre o seu lugar no mundo – eu vou olhar para você, tirar meu casaco de preocupações e, nesse momento, tudo que haverá de relevante será a minha necessidade de acalentá-lo. E acredite, o acalento desse abraço é mútuo.

Eu passarei a minha vida me dedicando, entre tantas outras coisas, a aprender sobre você, a cuidar de você, a amar você. E isso inclui aprender sobre os seus limites e exercitar respeitá-los. Muitas discussões ainda estão previstas para acontecer entre nós, acredite. Você vai desejar partir para o seu mundo e eu vou desejar que você fique imerso no meu mundo pela maior quantidade de tempo possível.

Mas eu não poderei reclamar demais, afinal, fui eu quem o ensinei a ver a vida como uma paisagem de horizontes múltiplos. Também o ensinei que qualquer distância, por maior que seja, pode ser percorrida passo a passo, sem que seja necessário dar satisfações a ninguém sobre o tempo de que você precisa para desenvolver a sua caminhada.

Perdoe-me por não ser perfeita. Compreenda que a imperfeição é o que me torna cada vez mais apta a ser o farol da sua estrada. O fato de ser imperfeita me dá plena capacidade e segurança para afirmar: você não precisa ser perfeito. E eu posso provar isso com a minha própria vida.

Não é fácil encontrar o fluxo correto que me leve até você e até mim ao mesmo tempo. E isso com certeza se reflete claramente nos meus momentos de descompensação. A maternidade é, de fato, uma atividade absolutamente desafiadora atribuída às mulheres. Porque envolve a participação de mulheres que desejaram, que planejaram, mas também de mulheres que jamais desejaram ou planejaram passar por ela em qualquer momento da vida.

Mas, ainda assim, a maternidade é, definitivamente, a atividade desafiadora que mais me fará feliz na vida. E ainda que eu seja analisada, julgada e pressionada o tempo todo por ocupar a posição de mãe... Eu jamais me envergonharei de ter alguém no mundo que me chama por esse nome.

Obrigada por existir, meu filho.

Com amor, de sua mamãe.

AS CONSEQUÊNCIAS
SÃO REAIS

Minha avó é uma senhora muito inteligente. E não é papo de neta, não. Ela realmente tem uma inteligência inspiradora – principalmente sobre fatores relacionados à sociedade. Ela consegue compreender muito bem algumas formações sociais e a necessidade sobre tratar de cada uma delas com respeito.

Nós conversamos muito, e em todas as conversas cuja temática é a sua história de vida, eu percebo o quanto o machismo foi impactante e determinante na vila dela desde o início. Sua mãe se envolveu com um homem, e eles tiveram um relacionamento que resultou na vida de minha avó. Ela conta que ele apareceu na vida de sua mãe, fez o que queria, e depois sumiu no mundo. Algum tempo depois, minha bisavó descobriu que ele era casado. A notícia foi tão impactante ao ponto de que minha bisavó perdesse totalmente a sua plenitude emocional – ela enlouqueceu.

Ficou transtornada, e seu comportamento passou a demonstrar traços de insanidade. Minha avó tinha menos de 10 anos de idade quando tudo aconteceu. Em pouco tempo, teve de cuidar dos seus irmãos e se transformar na única adulta da casa, sem nem ao menos ter atingido a fase da adolescência.

Sem qualquer perspectiva de futuro, continuou vivendo dentro de suas possibilidades. Um dia, quando era uma jovem moça, conheceu um homem que viria a ser seu futuro marido. Naquela época, as mulheres não mantinham um relacionamento amoroso se o objetivo do romance não fosse o futuro enlace matrimonial.

A propósito, naquela época, poucas eram as mulheres que seguiam por outro caminho que se distanciasse demais das duas escolhas principais: casar-se e dedicar a vida aos filhos e ao marido, ou escolher sua liberdade e lidar com todos os julgamentos atribuídos à sua escolha – e à possibilidade de acabar em algum bordel de esquina vendendo seu corpo por um prato de comida. E assim os fatos se concretizaram: ela se casou. Casou-se, afinal, que outro homem no mundo aceitaria unir-se a uma morta de fome e dar a ela uma vida mais digna?

Ela engravidou do primeiro filho. Do segundo. Do terceiro. Meus tios têm pouquíssimo tempo de diferença de idades. Um dia calculei tudo e percebi que muito provavelmente, a nova gravidez sempre acontecia durante o período de puerpério do filho anterior. Pasmem, foi exatamente isso que aconteceu. Ela confirmou minha hipótese quando eu expus a ela, em uma conversa, as teorias sobre datas que eu havia pensando nos últimos dias. Ela deu à luz a três meninos, seguidamente. Enquanto um deles estava em idade pré-escolar, o outro aprendia a andar e o mais novo mamava em seus seios.

Lavar as roupas e fraldas de pano, dar remédios, acalento, carinho, atenção – tudo isso era ela quem proporcionava. E dedicou toda a sua vida aos filhos, sem jamais ser apresentada a qualquer possibilidade diferente. Naquele tempo, era absurdo que uma mulher casada e mãe saísse de casa diariamente para estudar ou exercer qualquer atividade que estivesse fora do seu contexto familiar.

Algumas pessoas me perguntam: Por que você sente tanta necessidade em defender o feminismo, em falar sobre o feminismo, em fazer com que mais pessoas conheçam e se conscientizem sobre o feminismo?

Está aí a resposta. Quantas mulheres morreram, durante todos esses anos, sem nem sequer imaginar que as suas vidas poderiam ter tido cursos diferentes? Que profissional seria minha bisavó se houvesse apoio social e educacional para ela como mulher? E assim, que sonhos se refletiriam sobre a minha avó, se ela tivesse presenciado a sua própria mãe vivendo a vida em sua multiplicidade, muito além do fluxo casa-roupas sujas-cuidar dos filhos?

Eles dizem que o feminismo está ultrapassado, porque as mulheres já alcançaram vários direitos. Do que temos para reclamar, não é mesmo? As mulheres já podem estudar, podem escolher se querem ou não se se casar, podem votar, podem se relacionar livremente. Agora lhes pergunto: todas as mulheres? Em todas as partes do mundo?

Não. Assim como mesmo as mulheres que já alcançaram muitos direitos vitoriosos ainda sofrem com a diferença salarial, com o desrespeito nas ruas, com a violência psicológica em suas casas e seus locais de trabalho, entre tantos outros aspectos que ainda estão presentes na sociedade. Mas eles querem que as mulheres abaixem as suas cabeças diante dos fatores que ainda nos machucam, na justificativa de que já temos tudo aquilo de que precisávamos.

Eu vou morrer sem saber qual seria a contribuição que minha avó teria feito ao mundo se tivesse nascido em outra época. Mas eu não quero morrer sem ter feito nada para contribuir para que cada vez menos mulheres estejam sujeitas a possibilidades tão pequenas e desestimulantes.

E é por isso que eu escrevo. É por isso que eu estudo. É por isso que gasto meu latim falando por aí sobre a importância do empoderamento feminino. Eu sou uma das mulheres que tiveram o privilégio de desenvolver as suas capacidades intelectuais da melhor maneira possível e, com isso, provar a quem quer que seja, que o cérebro feminino é tão capaz de pensar quanto o masculino. Eu não posso permitir que a pressão social conquiste o meu silêncio. A minha avó não teve o mesmo direito de fala, a mãe dela não teve o mesmo direito de fala, tantas outras mulheres não o tiveram e ainda hoje não o têm. E o silêncio cala suas vozes, suas perspectivas, seus sonhos, e por tantas vezes... suas vidas.

As consequências do machismo são reais. O feminismo não é um movimento sensacionalista de mulheres surtadas e incompreendidas. O feminismo é a mais clara expressão da inconformidade feminina quanto a todos esses fatores, do passado ao presente, que nos limitam, que nos segregam, que nos diminuem. Que fazem com que mulheres sejam assassinadas, espancadas, estupradas, violentadas, simplesmente pelo fato de serem mulheres. Até quando formaremos gerações de avós que compartilham entre si as mesmas características sociais, que compartilham entre si histórias de vida extremamente parecidas, que retratam a sua total privação a oportunidades de qualquer natureza?

Eu quero ser a avó de alguém um dia, e poder contar a minha história com alegria. Contar sobre minhas aventuras de infância, sobre minha adolescência leve e alegre, sobre meus anos de estudo e sobre tudo aquilo que sei e que aprendi, pois de mim não foi privado o direito de viver.

E lutaremos por todos os nossos direitos. Todos. Não apenas alguns em detrimento de outros. Lutaremos por todos os nossos direitos, até que um dia, a imagem de uma avó possa ser automaticamente formulada utilizando qualquer característica possível. E não apenas a imagem de uma senhorinha de cabelos brancos, na cozinha, segurando um guardanapo em uma das mãos e uma colher de pau na outra.

Nós queremos ser as avós que o mundo nunca viu antes!

A MULHER EM
EVIDÊNCIA

Ela casou-se com seu primeiro namorado. Anos de 1980, o contexto social e a forma como as pessoas lidavam com as suas relações estavam se modificando. Mesmo assim, ela preferia preservar o comportamento comum às décadas anteriores, que estava começando a perder popularidade: o amor romântico, único e duradouro.

O casamento durou por incríveis 30 anos – e mesmo assim, houve quem fizesse a pergunta: mas por que não deu certo? Ela também se fez essa pergunta inúmeras vezes antes de se atentar ao fato de que tal questionamento era um grande equívoco. Claro que deu certo. Por pelo menos 25 anos eles foram o amor da vida um do outro, e isso não significa dizer que todos os anos foram constituídos integralmente por momentos felizes.

Mas eles foram sim, o amor de suas vidas. Melhores parceiros, melhores amigos. Como dizer que todos aqueles momentos vividos e todas as memórias construídas não resultaram em nada bom? De fato, os últimos 5 anos foram os mais devastadores, e os levou ao fim. Porém, isso não significa que todos os anos que antecederam esses últimos foram desastrosos.

Uma história de vida, dois filhos, um patrimônio – tudo foi construído em conjunto. A participação mútua na vida de cada um estaria registrada para sempre, e isso é o que há de mais belo. A vida é uma caixinha de surpresas, e o "para sempre", nem sempre é eterno em âmbitos literais. Por vezes, o eterno é a poesia que preserva cada sentimento, cada memória, cada pessoa que passa por nossa vida – independentemente de quanto tempo cronológico o encontrou durou, de fato.

E assim aconteceu entre eles. Após longos anos de amor e companheirismo, os seus espíritos se desvincularam e sentiram a necessidade de caminharem sozinhos. Foi um processo difícil de se compreender para todos. Os filhos, apesar de já crescidos, sentiram. Os familiares, habituados à presença conjunta dos dois, sentiram. E mesmo que a decisão tenha partido deles próprios, eles também sentiram. Não é fácil dormir e acordar ao lado de alguém por 30 anos e de repente, olhar para o lado e perceber o espaço vazio na cama – ainda que esse espaço vazio tenha sido proveniente de um processo de separação consciente, respeitoso e de vontade mútua.

O corpo sente os estranhamentos causados pela mudança de hábitos. Mas a vida continua, portanto, novas histórias podem ser construídas. O livro está aberto a novas edições. E foi exatamente o que aconteceu.

Ele conheceu uma nova mulher, com quem se envolveu rapidamente. Direto e intenso, o novo amor dele logo resultou em casamento. Todos aplaudiam o acontecimento, e comentavam sobre o estado emocional dele, que estava íntegro, o que era motivo para comemorações. Ponto.

Não muito depois, ela também encontrou um novo amor para chamar de seu. Um amor que a remeteu a sensações capazes de fazê-la retornar a lugares dentro de si, que já não lembrava mais que existiam. Todos questionaram e julgaram o acontecimento, e comentavam sobre a sua audácia, pelo fato de exibir um relacionamento com um homem 20 anos mais novo. Nada de ponto. A discussão caminhou por longos períodos e perdura até hoje.

O homem foi ovacionado por sua brilhante conquista de ter superado o fim do casamento e por ter tido força emocional para reconstruir a sua vida em um novo e belo casamento, por assim dizer. A mulher foi julgada por, após 30 anos de casamento, se envolver com um homem 20 anos mais novo e permanecer em namoro, sem casamento, do início do relacionamento até o presente.

A sociedade gosta de viver amores de terceiros e de utilizar isso como mecanismo de julgamento sobre as decisões individuais de pessoas que, na verdade, não devem uma satisfação sequer a ninguém. Mas quando o interesse do público se foca no relacionamento de uma mulher, rapidamente esse interesse demonstra a sua face escondida abaixo da máscara: o machismo. O homem é aclamado por seus novos méritos sem nenhuma argumentação contrária. A mulher é criticada por cada um dos seus atos e de suas decisões.

Comentam sobre a diferença de idades – o que uma mulher madura faz ao lado de um homem 20 anos mais jovem? Que futuro haverá nessa relação? Que programas farão juntos, já que existe uma diferença de idades tão expressiva? E se ele a trocar por uma garotinha qualquer?

Comentam sobre a sua aparência – ela é velha demais para ele, você não acha? Isso tudo é maquiagem, imagine só, quando eles vão dormir ele se deita com uma mulher cheia de rugas.

Comentam sobre a formatação do seu relacionamento – eles estão juntos há anos, não vão se casar? Morar juntos? Ela é velha demais para ficar brincando de namoradinho.

A verdade é que a posição autoconfiante e segura de uma mulher causa surpresa e incompreensão aos olhos da sociedade. A sociedade constrói uma cronologia de vida padrão para as mulheres, e quando uma mulher não segue essa cronologia à risca, logo surgem os olhos arregalados e as bocas incessantes.

Você sabe, o que está escrito no manual é: Homem tem vida livre, e por vezes até libertina, mas tudo bem, ele é homem. Mulher tem vida privada, preservando a sua imagem para ser admirada quando o tão esperado marido chegar.

Em caso de separação, homem sai do relacionamento em plenitude, e se vier a casar-se novamente depois, maravilha. Significa que agora ele encontrou uma mulher que o ame de verdade e que agregue a ele seu devido valor. A mulher sai do relacionamento desestabilizada, e é constantemente desestimulada pela sociedade a buscar a continuidade da sua vida – todos a incentivam a não desistir do homem maravilhoso com quem ela era casada, e a incitam a comportamentos de inconformidade com o término, insistindo que a mulher deveria se esforçar para reatar o casamento, afinal, um homem como ele, ela não encontrará novamente.

Tudo que se difere dessas regras padrão é questionado, mas o peso do julgamento disposto sobre a mulher é incontavelmente maior.

Mais uma vez, a sociedade refletindo a incapacidade de ver mulheres exercendo a sua plena e íntegra liberdade. O casamento é automaticamente associado à prisão e detenção de comportamento, tudo isso partindo do princípio de que uma mulher casada deve preservar a integridade da imagem alfa do seu pomposo marido, que tem uma reputação a zelar. Já pensou se uma mulher casada resolve ir ao *Rock in Rio* com as amigas, e como seu marido não gosta do festival, o deixa em casa? Que pecado! Ninguém está preparado para presenciar uma mulher que é livre dentro de um casamento. Ela é taxada de infiel, inapropriada, insuficiente.

Mas, se um homem casado resolve ir ao *Rock in Rio* com seus amigos, e como sua mulher não gosta do festival, ele a deixa em casa... Nossa! Que incrível! Ele está certíssimo, ela que deveria ter modulado a própria personalidade a fim de satisfazer todos os desejos do seu marido. Afinal, você sabe, se ela não o acompanhar, há quem faça. O mundo está cheio de mulheres oportunistas prontas para atacar homens casados. E os pobrezinhos poderão ser atingidos pelas garras dessas feiticeiras perversas, que se dedicam a retirar o homem do seu sagrado e invejável casamento perfeito.

Perceberam? O peso do julgamento recai sempre sobre a mulher. Sempre. Todas as atitudes masculinas são justificáveis a partir daquela frase comum: "Ah, você sabe como são os homens!" Por outro lado, todas as atitudes femininas são julgáveis a partir daquela outra frase comum: "Nossa, isso fica tão feio para uma mulher!"

O tempo passa, as mulheres transformam-se, e a cada década conquistam espaços inéditos e os expõem à sociedade. E mesmo assim, o estranhamento, o julgamento e a opressão sobre o comportamento feminino persistem.

O mundo precisa compreender, de uma vez por todas, que as mulheres finalmente compreenderam que o sentido de sua existência não é dependente das necessidades masculinas por uma pessoa que os auxilie a conduzir as suas próprias vidas, lavando, passando e cozinhando para eles. O sentido da vida de uma mulher é múltiplo e envolve inúmeras e grandes possibilidades. E entre essas possibilidades, está o direito de exercer a sua liberdade afetiva e emocional sem repressões.

As mulheres querem estudar e andar na rua tranquilas. As mulheres querem votar e ser votadas. As mulheres querem casar-se e se divorciar-se. As mulheres querem amar e deixar de amar. As mulheres querem o direito de escolher sobre absolutamente todos os aspectos de suas vidas.

E se a frase anterior soa ofensiva para você, continue lendo esse livro. E vários outros, sugiro.

O TAL
PECADO

Dentro de todos os discursos sobre o aborto, existe algo que eu admiro por sua coerência perfeita: O argumento que diz que a sociedade se preocupa tanto com o feto no ventre da mãe, quanto deixa de se preocupar com a criança fora da barriga.

Sim, somos um país que condena o aborto, mas que não adota crianças abandonadas pelos pais. Somos um país que condena o aborto, mas que julga e vê com maus olhos a educação sexual nas escolas. Somos um país que condena o aborto, mas que não dá qualquer suporte emocional para uma mulher que engravidou fora dos planos.

Somos um país que condena o aborto porque condena mulheres.

E ainda que o ato sexual seja uma prática cuja realização envolve as ações de um homem e de uma mulher, o peso do julgamento sempre recairá sobre o sexo feminino. Afinal, o aborto masculino é muito mais fácil de ser executado: basta que um homem negue a sua posição de pai e está resolvido. Ele pode até vir a ser processado pela mãe da criança futuramente, para que se exijam os direitos do bebê, porém, de imediato, a sua vida continua a mesma.

A diferença agravante aqui é a de que a mulher possui o papel biológico e fisiológico de conceber a criança, de prover a sua gestação. A sua vida passa a receber mudanças significativas e diretas desde o primeiro sintoma de gravidez. E então, me pergunto: se o homem pode "abortar" com tanta facilidade, por que a mulher não poderia?

Tudo bem, sei que esse tema nos leva a discussões intensas e que há inúmeros fatores a serem analisados. Porém, os convido a focalizar as suas atenções ao seguinte questionamento: por que a sociedade condena como bruxas perversas as mulheres que decidem abortar?

Eu os respondo: mais um reflexo do machismo. Não acredita? Pensa que tal afirmativa é um exagero? Tudo bem, vamos continuar a conversa.

Maria, mãe de Jesus. Concebeu milagrosamente a vida de seu filho. Esse é o ponto de partida. A sociedade cultivou um sentimento de admiração sagrada sobre a gestação de um filho, colocando a mulher na posição de santa, detentora de toda a paz e estabilidade emocional, pessoa indiscutivelmente apta e capaz de executar a tarefa de gestar uma criança e posteriormente, ser mãe pelo resto de sua vida.

E esse discurso se propagou por todos os anos seguintes, até chegar à atualidade, em que percebemos os claros reflexos dessa santificação sobre a vida das mulheres contemporâneas. Uma das piores ações do machismo é a prática de definir comportamentos, responsabilidades e atitudes padrão para as mulheres. E com base nesses padrões surgem e sustentam-se conceitos que adquirem potência suficiente a ponto de serem capazes de destruir a vida feminina.

A falta de responsabilidade de um homem em sua prática sexual, que resulta em um filho não planejado, tem por consequência a ele uma única pressão social, que se refere às suas responsabilidades financeiras junto ao filho. E sobre isso, a sociedade e a justiça costumam cobrá-lo. Por sua vez, a falta de responsabilidade de uma mulher em sua prática sexual, que resulta em uma gestação não planejada, tem por consequência a ela várias pressões sociais e consequências práticas.

A mulher que engravida fora das condições de um relacionamento duradouro é julgada e tem a sua atividade sexual disposta a julgamentos instantaneamente: por que fez sexo? Por que não se protegeu? Não sabe como são os homens?

Outro ponto interessantíssimo: muitos homens se recusam a usar preservativos, você sabia? Pressionam suas parceiras a fazerem sexo sem proteção utilizando aquela frase antiga como argumento: "você não confia em mim?" E assim se propagam gravidezes indesejadas e doenças sexualmente transmissíveis. Nesse momento você pode ter pensado: "Ah, basta que a mulher tenha responsabilidade e tome anticoncepcional." A mulher, não é? A mulher de novo. Claro, por que será que isso não me surpreende?

O aborto não deveria ser tratado como pauta para julgamento social, mas como objeto de saúde pública, em ampla consciência. E com ampla consciência quero dizer, desde estratégias de prevenção sobre gravidezes indesejadas, até procedimentos de aborto propriamente ditos, autorizados e executados mediante acompanhamento multiprofissional de saúde.

Para que seja possível constatar o histórico do acontecimento, as questões emocionais e fisiológicas envolvidas, o conjunto que levou à uma gravidez inoportuna. Para que a mulher seja tratada como o ser humano que é, não somente como uma bolsa progenitora que carrega uma vida em seu interior. Se a gestação de uma vida fosse responsabilidade dos homens, há quanto tempo o aborto legal estaria ativo na sociedade?

"Eu apoio o aborto apenas se a gravidez tiver origem de um estupro." Disse a sociedade que trata a gravidez como a única consequência realmente grave sobre um estupro. Afinal, se a mulher foi estuprada, certamente existe um motivo. Bem provável que a culpa tenha sido dela, não é mesmo?

O que nos leva a concluir então, que uma pequena parcela da sociedade que defende o aborto, dentro das condições de um estupro, apenas defende mulheres violentadas se a violência sofrida por elas resultar em uma gestação. Caso contrário, não espere ser defendida por ninguém. Qual foi a sua contribuição para que tal violência acontecesse? Que roupa usava? A que horas estava na rua? Como se comportou?

Estamos falando sobre vidas interrompidas. Estamos falando sobre o sangue de várias mulheres, que se derramam sobre o chão de clínicas clandestinas que mais parecem açougues humanos. Estamos falando sobre morte. Do feto e da mãe. Duas criaturas sobre as quais a sociedade insiste em discursar em defesa e julgamento, respectivamente, ao mesmo tempo em que repudia a educação sexual e fecha o vidro da janela do carro para o menino de 6 anos que vende bala no sinal de trânsito.

É muito fácil reduzir o seu campo de visão e atirar para todos os lados sem mensurar seus alvos, suas consequências. É muito fácil discursar contra algo quando o cenário não envolve a sua própria vida. É muito simples discordar de uma situação quando suas consequências da mesma não o atingem.

É muito simples julgar, qualquer um está apto a fazê-lo. Porém, pouquíssimos estão capazes de buscar maneiras de resolver o problema, de fato. Diante de tanta problematização, uma reflexão persistente: o aborto masculino é afetivo, efetivo, autorizado e não cessa vidas. O aborto feminino clandestino é real, acontece diariamente, e inúmeras vezes, cessa duas vidas de uma vez só.

Será mesmo que é com o prosseguimento da vida que eles se importam?

HOMENS? FEMINISTAS?

HOMENS? FEMINISTAS?

HOMENS? FEMINISTAS?

O PAPEL DO HOMEM
NO FEMINISMO

Muitos homens acreditam que não possuem qualquer espaço dentro do movimento feminista. Isso acontece porque vários deles consomem informações equivocadas sobre o feminismo. As notícias femistas caem como uma luva nas mãos de alguém que já está tendencioso a discordar de algo, e apenas busca um motivo para concretizar e justificar o seu posicionamento.

Defender o feminismo não significa defender o massacre de fetos indefesos ou ainda, assumir o sexo feminino como superior ao masculino. Defender o feminismo é uma questão de humanidade. É assumir que as mulheres são desrespeitadas, desestimuladas, humilhadas e violentadas sem que precisem fazer qualquer coisa além de simplesmente existir – e que esse cenário não está correto.

Tudo aquilo que é novo pode causar insegurança e dúvida, e partindo desse pressuposto, poderíamos explicar a dificuldade que alguns homens mais velhos (com mais velhos me refiro a nossos pais e avôs) sentem quando tentam compreender o posicionamento feminista de suas filhas e netas. Mas é muito válido dizer: sentir dificuldade de compreender é diferente de não querer compreender.

Sim, porque assim como existem homens que não propagam discursos de violência em discordância ao feminismo, mas ainda assim, o julgam desnecessário, existem aqueles outros homens que discordam de tudo que o movimento defende, munindo-se de violência e arrogância, e que estão claramente bem resolvidos sobre isso. Ou seja, não sentem nenhuma vontade de olhar para o cenário através de um ângulo diferente. Têm afinidade pelo machismo e pela posição de superioridade que este os entrega.

Quando eu tinha 12 anos, estava tentando contar ao meu pai que eu estava gostando de um garotinho na escola. Nós tínhamos um bom relacionamento sobre vários outros aspectos, mas nós nunca havíamos conversado sobre algo dessa vertente antes. Mesmo porque eu só tinha 12 anos de idade, como já mencionei anteriormente. Pois bem, estávamos sentados à mesa, almoçando juntos, depois de uma manhã na escola e trabalho, quando eu disse:

– Pai, tem um menino na escola... Eu o acho muito legal.

Meu pai arregalou os olhos em sinal de surpresa, se virou para mim e disse:

– Como é que é? Você sabe quantos anos você tem?! – ele disse, claramente irritado.

– Pai, eu apenas disse que gosto dele. Eu estou conversando com você. Não entendi o motivo de tamanha irritação. – Respondi, calmamente.

– Você é muito nova para essas coisas! – ele respondeu, tentando encerrar o assunto o mais rápido possível.

– Essa semana você me contou que tinha a minha idade quando teve sua primeira namoradinha. Qual é a diferença, hein? Olha bem para mim, pai! É porque eu sou mulher?! – disparei, clara e direta.

Meu pai engoliu a colherada de comida que estava mastigando, respirou fundo e respondeu:

– Filha, você é muito nova. E os meninos não são confiáveis – ele disse, dessa vez com o tom de voz mais suave.

– Curioso isso. Eu sou muito nova, mas o senhor com a mesma idade, não era? Por que os meninos não são confiáveis, quem os determinou assim? O machismo é prejudicial para todo mundo, pai. Eu tenho esperança de que um dia as pessoas tomem consciência disso – respondi, tentando fazê-lo pensar.

Ele permaneceu em silêncio. Lembro quais foram as minhas últimas palavras do diálogo:

— Você sempre me ensinou a ter opinião, a defender meu ponto de vista. Me ensinou a me proteger e a não permitir que ninguém me desrespeitasse, principalmente os homens. Você me ensinou a ser assim, esqueceu? E agora você precisa entender que eu sou menina, mas que eu também quero namorar. E eu vou namorar, mais cedo ou mais tarde. Quer você queira, quer não queira. Você só precisa escolher se prefere saber por mim ou por terceiros.

Ao fim desse breve discurso, meu pai se retirou da mesa e foi para o quarto ficar sozinho. Nossa, como essa reação foi importante. Sim, apesar do fato de que ele não tenha me pedido desculpas ou mudado a postura imediatamente, a reclusão significava que ele precisava de um tempo para pensar em tudo aquilo que eu lhe disse.

O fato de ele não ter levantado a voz e cruelmente designado proibições sobre mim já foi algo incrível e surpreendente. Naquele momento, eu coloquei sementinhas na cabeça dele, e ele se ausentou para regá-las e cultivá-las.

E esse é o ponto a que eu queria chegar. O primeiro papel do homem no feminismo é o de não se enraivecer diante de uma postura feminina que, ao primeiro olhar, causa-lhe estranhamento. Não se enraivecer significa compreender que tal postura deve ter sido predisposta por algo, e buscar compreender do que se trata a predisposição que levou a mulher a exercer tal postura já é um excelente exercício de cooperação masculina para com o feminismo.

E assim, a busca por compreensão leva os homens à prática de consumir conteúdos feministas com outros olhos. Tentando enxergar as coisas sobre o olhar feminino, muitos homens passam a encontrar sentido nos discursos feministas sobre equidade, sororidade e tantos outros.

Uma vez que os conceitos prévios sobre feminismo estão claros e compreendidos para um homem, o segundo papel deste homem é disseminar isso para os outros homens. Essa disseminação pode ser feita com ações pequenas, porém muito eficazes.

Imagine a situação: um grupo de amigos, todos do sexo masculino, vai a um bar na sexta-feira à noite, após o término do expediente. Estão todos juntos à mesa, quando um deles faz um gesto com a mão para chamar a garçonete, no intuito de que ela vá atendê-los. Ela caminha, se dispõe frente à mesa e muito profissionalmente, diz: pois não, senhor? O homem responde: Gatinha, traz cinco cervejas para nós.

Qual a necessidade de chamá-la assim? Não, não é um elogio. Ela está no seu ambiente de trabalho, durante o expediente de serviço, em uma situação nada despretensiosa, atendendo a um homem que nunca viu na vida antes, ou seja, a palavra que foi utilizada está totalmente inapropriada. O que podem fazer os outros homens que estão junto dele, para conscientizá-lo de que a sua fala não é apropriada e de que pode colocar a mulher em estado de constrangimento?

Certamente, qualquer um dos outros homens da mesa poderia dizer: Acho melhor que você a chame por seu nome. Deve ter seu nome no uniforme, e ainda que não tenha, basta chamá-la cordialmente, sem utilizar adjetivos que a constranjam.

Pronto. Bastava isso. Já seria um ótimo começo.

O principal papel do homem no feminismo, é aquele que funciona como base para todos os outros papéis que podem ser aplicados a eles: a conscientização. Os homens devem buscar a consciência de que o feminismo é necessário para o bem estar da vida das mulheres. Para que elas possam trabalhar, estudar, andar na rua, expor opiniões e viver livremente como qualquer ser humano que não têm débitos com a justiça.

Pequenas alterações de comportamento podem contribuir para o fortalecimento de uma luta que não é diretamente sua, mas que é sua sim, indiretamente. A partir do momento em que você é homem e passa a discordar do sistema que o favorece, ao passo que desfavorece as mulheres, você já está fortalecendo o feminismo. A partir daí, dessa consciência real, que tem por consequência mudanças de hábitos que resultam em homens menos machistas, passo a não considerar como algo errado a presença de um homem em uma passeata feminista ou em uma discussão feminista, por exemplo.

O que não me parece coerente é a presença de um homem levantando um cartaz com dizeres feministas em uma passeata, enquanto assedia mulheres durante o ato. Nós não queremos a presença masculina para manchar a nossa causa. Hipocrisia nós já vivemos diariamente, e não precisamos viver durante os nossos atos públicos. O que nós precisamos dos homens é a prática da consciência, o apoio e a disseminação do respeito.

O respeito entre seres humanos e a anulação de uma postura sexista são excelentes precursores para analisarmos a posição do homem no movimento feminista. Quando um homem passa a perceber as pautas feministas como necessárias para o prosseguimento pleno da vida de seres humanos, torna-se mais simples para ele compreender e apoiar o movimento. E isso se reflete com a presença de pais, amigos e namorados durante atos feministas, acompanhando as mulheres de suas vidas. O que vamos fazer? Vamos retirá-los do ambiente, por que feminismo é coisa de mulher? Não me parece muito inteligente.

Quanto mais homens se conscientizarem sobre o feminismo, mais homens serão capazes de identificar suas atitudes machistas e as do meio em que vivem, e de sugerirem alterações comportamentais efetivas.

O feminismo é bom para todos, acreditem. Muitos homens também sofrem os pesares do machismo. Não se encaixam nos rótulos comumente associados ao sexo masculino e sofrem discriminação por serem diferentes. Uma mulher pode ser menos sentimental, assim como um homem pode apresentar uma personalidade mais sensível. Uma mulher pode gostar de assistir a esportes na televisão, assim como um homem pode preferir assistir a novelas. Uma mulher pode preferir pedir cerveja no bar, assim como um homem pode preferir um coquetel de frutas bem docinho e com pouco teor alcóolico.

O machismo reduz a bela e natural complexidade humana a listagens comportamentais predefinidas por sexo. Mulheres fazem assim, homens fazem desse outro jeito. O feminismo também serve para que esses padrões sejam desvinculados, e isso é benéfico para ambos os sexos.

A construção social machista dá mais audiência para homens que falam sobre feminismo. É algo a se equiparar ao fato de que uma pessoa branca falando sobre racismo dá mais audiência do que um negro falando sobre um assunto de que detém tanta propriedade. Mas, então, devemos proibir que o assunto se propague, sendo ele tão necessário? Não.

Precisamos permitir e abrir espaço para que cada vez mais homens se dediquem a aprender sobre o feminismo e compreendê-lo, para que cada vez mais mulheres se sintam apoiadas e defendidas dentro de suas casas, de seus ambientes de trabalho e de seus círculos sociais. A consciência masculina resultará em melhores pais, melhores filhos, melhores chefes, melhores namorados e maridos. A segregação dos sexos apenas contribui para a potencialização do machismo e do sexismo.

Precisamos conviver para aprender. Precisamos aprender para compreender. E precisamos compreender para vivermos juntos como sociedade.

A AUTODESTRUIÇÃO
FEMININA

O machismo promove uma prática muito ruim entre as mulheres: a competividade. Somos incentivadas a competir o tempo todo sobre os mais variados aspectos. Quem é a mulher mais bonita, mais interessante, mais inteligente?

A prática da comparação se inicia na infância, quando somos ensinadas que devemos executar um comportamento específico, que supostamente seria o ideal para uma menina: comportada, quieta e obediente. E se as características dessa menina se diferirem desse padrão, logo ela é negativamente comparada a outras meninas da mesma idade.

Essa comparação nos acompanha durante toda a adolescência até chegarmos à vida adulta. É como se existisse uma formatação conveniente sobre ser mulher – e essa formatação existe para que um homem seja contemplado. Somos estimuladas a modular nossas aparências, nossos comportamentos e nossas personalidades para engrandecer o ego de homens que mais parecem meninos imaturos, como se jamais tivessem saído da puberdade.

Dessa forma, logo se constrói o cenário de hostilidade entre as mulheres: Quem é a melhor? Quem chama mais atenção? Quem eles querem?

O machismo enfraquece o sentimento de sororidade entre as mulheres e expõe cada vez mais as nossas vidas à função de satisfazer os desejos masculinos. E as comparações passam por todos os âmbitos possíveis: maternal, profissional, afetivo, emocional e sexual.

Você já se perguntou por que existe uma hostilidade tão grande entre uma mulher que é mãe dos filhos de um homem, e que foi sua esposa um dia, e a atual esposa deste homem? Por que a sociedade incentiva a comparação e a competitividade entre as duas? E se a atual esposa também tiver filhos com este homem, o cenário se agrava ainda mais: quem é a melhor mãe?

Qual a finalidade de toda essa competitividade? Discutir sobre qual das duas é a mulher perfeita, aquela que é a mais adequada para estar ao lado de um homem, de acordo com o senso comum social. E essa guerra provocada por motivações que deveriam ser insignificantes permanece por anos, e de cada lado do campo de batalha está uma mulher. As duas se odiando de forma gratuita, sem nunca nem sequer terem trocado uma palavra franca e civilizadamente.

O cenário se repete nas mais variadas situações:

Duas profissionais são incentivadas a manter comportamento de competitividade, e por tantas vezes esse incentivo não parte das suas características profissionais distintas – o que seria igualmente lamentável, porém mais compreensível –, mas sim, das suas características físicas. Temos duas supervisoras na empresa, quem é a mais gostosa?

Sim, esse tipo de comparação infelizmente acontece.

A mãe que incentiva a influência da sociedade machista sobre o comportamento de seu filho, executando discursos de comparação e competitividade sobre as suas duas últimas namoradas: "Viviane sim, era uma boa moça, o amava de verdade, fazia tudo para tentar agradar você. Essa nova menina só faz o que quer."

Bem como o machista que julga o comportamento sexual da sua nova namorada a comparando com a sua ex: ela me entregava tudo, você faz muitas restrições.

Essa competitividade impregnada nos faz presenciar cenas expressivamente contraditórias, como as próprias mulheres proferindo frases absurdas, tais quais "mulher não presta" ou "mulher é bicho nojento, falso e invejoso" entre outras.

Outro exemplo interessante: traição. A namorada ou esposa descobre que o namorado ou marido foi infiel. Quem ela ataca em uma violência fulminante? A mulher com quem seu parceiro se envolveu. Essa mulher é instantaneamente julgada e recebe os piores adjetivos possíveis: vadia, prostituta, oferecida. E o homem? Ah, o pobre menino... Foi hipnotizado pela argilosa feiticeira.

Até quando trataremos os homens de maneira tão infantil, justificando todas as suas falhas e criando meninos mimados que no futuro, se tornarão homens totalmente impositivos e intransigentes? Até quando colocaremos sobre as mulheres todo o peso das responsabilidades e da consciência sobre o que está certo ou errado em um relacionamento?

As mulheres não são organizadas entre títulos de confiabilidade e comportamento. São seres humanos complexos e completos como quaisquer outros. Cometem erros, acertos e deslizes. E não estão imunes a isso simplesmente porque são mulheres. Não existe um código genético que descreve perfeitamente a maneira correta de uma mulher se comportar, mesmo porque não existe uma única maneira correta de se fazer as coisas. Cada mulher se compreende de um jeito particular perante a sociedade, e todas as possibilidades de compreensão de espaço devem ser celebradas, protegidas e respeitadas.

Todas. Sem exceção.

QUAL VALOR É ATRIBUÍDO AO SANGUE FEMININO DERRAMADO?

Meu nome é Daniela, tenho 42 anos e atuo como delegada em uma delegacia da mulher na cidade de Recife, em Pernambuco. Meu trabalho é árduo, maçante e cansativo. Mas, é de extrema importância, porque me faz aprender várias novas lições a cada dia.

Antigamente, antes de começar a atuar nesta área, eu tinha uma visão limitada sobre os direitos femininos em relação à segurança. Como tantas outras pessoas, eu também acreditava que independentemente do atentado cometido contra uma mulher, ela certamente haveria de ter uma parcela de culpa.

Que roupas ela estava usando, como estava se comportando? A depender das respostas, é possível constatar se a mulher estava se comportando adequadamente e mesmo assim foi abusada – então a defendemos. Ou ainda, se a mulher estava se comportando de maneira predisposta ao abuso – então a julgamos. Um terrível equívoco! Pontos como esse pareciam ser parâmetros de avaliação para mim, como se servissem de justificativa para a ocorrência de violência nas mais variadas vertentes: física, psicológica, sexual, emocional e tantas outras.

Minha visão começou a se modificar durante o período da faculdade. Fui apresentada a vários casos absurdos das mais agressivas ocorrências de violência contra a mulher, o que me fez perceber que a maioria da sociedade realmente compreende as mulheres como seres inferiores e disponíveis a todo e qualquer tipo de situação. E acredite, meu comentário não é um exagero. O seu convívio social pode ser diferente do meu, ou de uma terceira pessoa. Talvez esse cenário de hostilidade sobre a vida feminina não se reflita em seu dia a dia, mas isso não significa que ele não existe. Diariamente, recebo na delegacia, denúncias de mulheres que estão cansadas de serem humilhadas, agredidas e violentadas por homens que, na grande maioria das vezes, estão dentro de seu convívio familiar. São maridos, tios, pais e infelizmente, até seus próprios filhos.

É incompreensível e inaceitável a postura masculina dotada de agressividade diante das vidas dessas mulheres, que são tratadas como se não fossem seres humanos.

Os grandes desafios que vivemos, dentro de um ambiente de justiça, durante a prática da conduta correta para a proteção das mulheres e punição dos agressores, relacionam-se com o machismo estrutural. Ainda que a lei nos assegure alguns dos direitos das mulheres à segurança, na prática, a situação não se reproduz de maneira adequada e eficaz.

A participação feminina na polícia ainda não atingiu o número de mulheres que seria necessário para que a representatividade surtisse efeitos transformadores e práticos. E infelizmente, não é incomum encontrar, nas poucas mulheres que já atuam na justiça, reflexos do comportamento machista que tanto oprime a comunidade feminina.

Por vezes, quando uma mulher chega à delegacia pronta para registrar uma denúncia, ela não é recebida e atendida de maneira acolhedora e respeitosa. O que nos faz compreender, portanto, que os números de denúncias registradas não correspondem à realidade dos fatos. Se há mil registros de agressão, certamente, outras mil mulheres também estão sendo agredidas e o estado não consegue alcançá-las para defendê-las.

Esse medo de efetuar a denúncia pode ser explicado por vários fatores: muitas mulheres dependem financeiramente de seus maridos, outras têm medo de que o marido as afaste de seus filhos, ou, ainda, temem que o marido cometa algum atentado contra seus familiares próximos, como pai ou mãe.

E o pior de todos: comumente o meio social que cerca aquela mulher, ou seja, as pessoas com quem ela tem convívio diário, promovem discursos de persuasão para convencer a mulher de que o homem está certo, e de que homens são naturalmente agressivos e ela só precisa dançar conforme a música do macho, que tudo ficará bem.

E ainda assim, quando a mulher decide denunciar o agressor e consegue vencer todos os obstáculos que se dispõem entre ela e a denúncia, mais um fator desestimulante é calculado: o tratamento da polícia sobre o caso.

Inúmeras vezes, a hostilidade da polícia torna-se inimiga da resolução do caso e da defesa da vida da mulher vítima de violência. As próprias mulheres precisam unir provas sobre a situação relatada na denúncia, caso queiram como resultado algo além de um boletim de ocorrência guardado na gaveta.

Como uma mulher agredida pelo marido terá forças e apoio para recolher sozinha, provas de que sofre violência? Suas escoriações por todo corpo e seu olho roxo por vezes não são argumentos suficientes. O que a polícia faz, de fato, para buscar e deter um abusador sexual fugitivo? Tudo bem, as leis existem e estão escritas na constituição. Então, o que impede o seu funcionamento prático?

A verdade é que para muita gente, a vida de uma mulher não possui valor algum. E infelizmente, algumas dessas pessoas estão ocupando lugares de liderança dentro do sistema que deveria servir para proteger as mulheres, e não para coagi-las.

A sociedade é hostil com as mulheres. Muitos homens são hostis com as mulheres. E a polícia infelizmente, várias vezes é hostil com as mulheres. Esse cenário precisa mudar. Toda essa hostilidade está sendo paga com o sangue derramado de inúmeras mulheres.

A sociedade diz que é a favor dos direitos humanos. O que é ser humano para você?

SEIS NO MESMO MÊS
OU UM DE CADA VEZ

Estava me sentindo um tanto carente. No início, não foi nada fácil lidar com a sensação de estar sozinha, depois de ter passado tanto tempo incluindo alguém em todos os meus planos, em meu dia a dia, em minha história. Eu também escolhi o fim, eu sei. Mas, ainda assim, eu me sentia desnorteada diante da nova realidade. Sentia-me totalmente sozinha, sem saber por qual caminho seguir.

Mas, felizmente, o tempo foi meu grande aliado. Dia após dia, passei a reconfigurar a minha vida e a encontrar magia na minha própria companhia. O sol nasceu novamente, dando lugar a um universo bonito e iluminado. Não havia mais resquícios daquela chuva cinzenta que me tomava o espírito, e só eu sei a trabalheira que deu para lidar com tantos sentimentos, principalmente tristeza e frustração, para enfim, reajustar tudo conforme a nova eu – por assim dizer.

Não sei quanto tempo fiquei sem olhar para outro alguém. Mas sei que o que levei em consideração para definir esse tempo: foram os meus próprios sentimentos. Exclusivamente os meus sentimentos. O que as outras pessoas achavam sobre mim não era pauta para discussão. Porém, infelizmente, muitas pessoas são cruéis em seus julgamentos e eu não fiquei imune a isso o tempo todo.

Comecei a reestruturar a imagem que eu tinha de mim. Sim, só hoje enxergo que eu me limitava demais na tentativa de não o desagradar. Minhas amigas tentavam me alertar de que eu era submissa demais, mas eu acreditava que as atitudes dele eram naturais para um homem. Não, ele nunca me agrediu fisicamente. Nunca encostou um dedo em mim em intenção de violência. Mas, sim, devo confessar o fato de que ele me vencia nas palavras.

Dizia-me que uma mulher comprometida não deveria estar sozinha à noite com as suas amigas. E eu, cega, não conseguia ver o erro explícito na frase. Ora, se estou com minhas amigas, então não estou sozinha! Ou uma mulher só está oficialmente acompanhada, se a companhia for de um homem?

Convencia-me de que todas as restrições que impunha sobre mim eram, na verdade, preocupações. Ele se preocupava tanto com o que os outros poderiam pensar sobre mim, que não me restava tempo para refletir se a opinião alheia realmente me importava.

Acho que o fim, de verdade, aconteceu uns 6 meses antes do dia em que tivemos aquela conversa definitiva. Sim, porque por mais que eu tentasse empurrar as coisas de qualquer jeito, havia algum tempo em que eu não me sentia mais à vontade dentro do nosso relacionamento.

Pois bem, depois de meses remoendo sentimentos em meu coração, decidi dar uma nova chance a mim mesma. Passei a sair mais com as minhas amigas, dediquei-me a aprender coisas novas, enfim, decidi retirar as limitações da minha vida e jogá-las para bem longe de mim. E foi justamente por essa conduta que fui alvo de tantos julgamentos.

A sociedade aplaude aquele antigo sistema comportamental sexista pós-término: os homens se embriagam e saem com os amigos para pegar todas, e as mulheres choram baldes de lágrimas deitadas sobre suas camas admirando uma foto qualquer do ex.

E quando essa configuração se desprende de padrões de gênero, a sociedade estranha. Porém, ainda que haja estranhamento, o reinado "dois pesos, duas medidas" impera com rigor. Afinal, se for o homem quem chora baldes de lágrimas deitado sobre sua cama, admirando uma foto qualquer da ex, a máxima represália que ele sofre é a zoação de seu grupo de amigos, que faz piadas acerca do seu sentimentalismo supostamente incomum ao sexo masculino. Por outro lado, se for a mulher quem se embriaga e sai com as amigas para pegar todos, esta é automaticamente julgada e recebe vários rótulos desrespeitosos e opressores.

A impressão que tenho é a de que não importa o quanto uma mulher se esforce para ser aceita em seu meio social. Não importa o quanto ela se redefina, reformule os seus conceitos e redesenhe a sua imagem de acordo com aquilo que o seu meio social considera correto. As pessoas sempre apontarão defeitos – porque é justamente isso que elas procuram.

Se uma mulher namora o mesmo homem desde jovem, automaticamente recebe um troféu de princesa direita, a mulher perfeita, e as pessoas esperam que os dois se casem. Se uma mulher já namorou vários homens desde jovem, automaticamente recebe um atestado de hostilidade social, como se houvesse uma placa pendurada por seu pescoço através de uma corda, dizendo: essa aqui serve apenas para a diversão.

E, novamente, aplica-se a história dos "dois pesos, duas medidas." De que maneira a sociedade vê um homem que já teve vários relacionamentos não duradouros? No máximo ele será chamado de "galinha" ou "mulherengo" pelas mulheres que o cercam, e de "pegador" ou "o cara" pelos homens do seu convívio.

Mas, de que maneira a sociedade vê uma mulher que já teve vários relacionamentos não duradouros? Sim, comece a listar todas aquelas palavras ofensivas comumente atribuídas às mulheres quando elas passam a se comportar de maneira minimamente parecida com a masculina.

Eu sofri pelos julgamentos que se abateram sobre mim, porque eu sentia uma enorme necessidade de contar a todos o meu lado da história – e de provar que estavam errados sobre a imagem que formulavam sobre mim.

Mas eu parei de me preocupar. Parei de me preocupar e joguei tudo para o ar quando percebi que não importaria qualquer coisa que eu fizesse, sempre seria julgada. Se eu ficasse meses sem me relacionar com alguém, trancada no quarto e sofrendo amargamente pelo amor que teve fim, em determinado tempo, passaria a ser julgada por sofrer demais.

Se eu me levantasse da cama, limpasse as lágrimas e corresse ao encontro da minha nova história, em determinado tempo, passaria a ser julgada por sofrer pouco demais. Ao fim de tudo, independentemente de como fosse escrita a história, o final era o mesmo: o julgamento.

Portanto, cansei de me martirizar. Foram vários dias e várias noites sofrendo pela ausência dele, e outros inúmeros dias e noites sofrendo por não mais me importar com a ausência dele. Eu aprendi a desatar todos os nós que me prendiam. Eu aprendi a escapar dessas correntes. Eu conquistei a minha liberdade emocional.

E, acredite, isso ninguém mais poderá tirar de mim. Eu sei quem eu sou. Eu sei o que eu sou. E eu sou inteira.

Eu sou tudo. Eu sou o todo. Eu sou mulher.

MENINO VESTE AZUL E
MENINA VESTE ROSA

O sexismo segrega homens e mulheres em grupos sociais totalmente distintos. E essa prática é extremamente prejudicial, pois impõe limites ao comportamento de homens e mulheres, reforçando a existência de uma lista de comportamento padrão para cada um. E o resultado disso é uma população adulta que apoia essa segregação e repassa esses conceitos para as crianças.

Se as pessoas adultas compreendem a diferença entre os gêneros de forma literal, ordenando o que uma mulher pode ser, fazer e sentir em seu meio social, assim como ordena a apresentação social masculina, estão, automaticamente, repassando esse entendimento às crianças de seu convívio. E assim, educando meninas que apenas enxergam a sua imagem refletida no papel de princesas, fadas ou pobres moças frágeis e inibidas. E educando meninos que se identificam unicamente com a imagem de heróis, guerreiros ou quaisquer estereótipos de masculinidade padrão.

Essa segregação infantil afasta as crianças do seu maior estado de desenvolvimento possível, e serve como base para que se estabeleçam vícios sociais que sustentam as práticas machistas e sexistas que tanto perturbam a vida dos adolescentes e adultos. Principalmente dos adolescentes.

As meninas não são estimuladas a se movimentar, a praticar esportes, correr, pular, romper suas barreiras físicas para descobrir seus limites. Bem como os meninos não são estimulados a desenvolver suas habilidades artísticas, como dança, pintura, desenho e literatura.

No dia 3 de janeiro de 2019, começou a circular na internet, um vídeo de Damares Alves, Ministra da Mulher, Família e Direitos Humanos, atuante do governo do Presidente Jair Messias Bolsonaro, proferindo palavras que reforçavam a atuação social sexista, uma vez que a ministra disseminou as palavras dispostas no título desse texto.

Muitos usuários da internet compreenderam a frase em seu sentido literal e discordaram da afirmativa da Ministra, lançando na web postagens que tratavam dessa discordância utilizando um teor expressivamente inconformado, porém sarcástico. Outras pessoas demonstraram apoio às palavras da Ministra, por concordarem com a sugestão de que meninos e meninas devem se desenvolver de maneira distinta perante a sociedade.

No entanto, afirmar que meninos e meninas devem se devolver de maneira distinta perante a sociedade e executar essa diferenciação com nossos filhos, significa dar margem para futuros transtornos. Primeiramente, transtornos de âmbito pessoal, uma vez que uma menina que não se identifica com a imagem de uma princesa encantada e não é estimulada a encontrar outras referências para sua infância, sofrerá pessoalmente por acreditar que a sua compreensão sobre si mesma está incorreta. O mesmo pensamento vale para meninos que não se identificam com a posição de super-heróis ou vilões malvados cheios de adrenalina.

Em segundo lugar, transtornos de âmbito social, afinal, essas crianças logo se tornarão adolescentes, uma fase naturalmente confusa e de formulação de caráter. E, futuramente, se tornarão adultos que disseminarão o sexismo e o machismo em suas práticas diárias. Ou seja, educando crianças sexistas, teremos por consequência, adolescentes mais confusos e adultos mais segregados por questões de gênero.

Quando eu era criança, nos anos 2000, esse sexismo imperava absoluto. De forma tão expressiva que ninguém nem ao menos imaginava outra possibilidade diferente da existência de dois universos: o das meninas e o dos meninos. Tanto é verdade isso (a afirmativa de que o sexismo era praticado de forma absoluta), que as possibilidades de se comprovar tal fato são inúmeras. Vamos lá:

Uma delas é a que mais me impressiona até hoje: em uma loja de brinquedos, o corredor de produtos voltados para as meninas era composto predominantemente pelas cores rosa e lilás, e os brinquedos se dividiam entre bonecas de todo tipo, principalmente bonecas bebês, utensílios domésticos em miniatura e alguns poucos jogos educativos, sempre de execução simples como jogos de memória com figuras, e adotando a temática rosa/lilás/princesas.

E o corredor de brinquedos voltados para os meninos era composto predominantemente pelas cores preto, azul e verde, e os brinquedos dividiam-se entre bonecos de soldados e super-heróis, instrumentos de estímulo ao esporte como skates e patins, carrinhos e jogos educativos complexos, de estratégia e lógica.

Que análise é possível ser feita diante desse cenário? A de que as meninas estavam sendo preparadas para que, quando crescessem, já estivessem um tanto habituadas à ideia de cuidar da casa e dos filhos, e os meninos começassem a se habituar-se à ideia de serem os homens da casa, detentores de toda a inteligência e autoridade, prontos para chefiar as suas famílias.

Um estímulo estrito e terrível. Felizmente, aos poucos, as gerações vêm se modificando e já podemos encontrar algumas mudanças dentre esses corredores de brinquedos nas lojas atuais: as empresas passaram a fabricar brinquedos menos sexistas, dando origem a prateleiras de brinquedos não definidas por sexo. Por consequência, temos brinquedos "nulos" de gênero e que são mais bem aceitos para serem utilizados tanto por meninos quanto meninas.

De fato, já podemos considerar isso um avanço interessante. Porém, é preciso divulgar a afirmativa de que essas mudanças primárias representam apenas o início do estabelecimento de um cenário ideal para o pleno e completo desenvolvimento infantil: a união entre os gêneros.

O que significa dizer que o fator determinante dessa união não é a simples produção de um brinquedo de cores não predominantemente femininas ou masculinas, como panelinhas vermelhas e brancas, ou ainda, um skate em tons de verde e branco.

O fator determinante dessa união é a compreensão e o estabelecimento da afirmativa de que qualquer cor é independente de gênero, e assim, de que não existe cor de menino ou de menina. Nem de que existe um brinquedo de uso exclusivo para um único grupo. Dessa forma, teremos duas crianças brincando juntas e livres de padrões sexistas limitantes. Ou seja, teremos meninas brincando tranquilamente com seus carros de controle remoto, independentemente da cor do brinquedo, e meninos brincando com as suas panelinhas, também independentemente da cor.

Consequência disso: homens e mulheres com referências de infância múltiplas e que refletem em seus comportamentos adultos uma vivência múltipla e livre das correntes do machismo. Machismo este que, vale dizer, é prejudicial tanto para os homens como para as mulheres – com ênfase nos prejuízos para as mulheres.

Afinal, a colheita de uma educação sexista e machista, para os homens, resulta em homens menos expressivos, menos emotivos, menos sensíveis e mais limitados. O que não é um resultado nada benéfico. Porém, para as mulheres, a colheita de uma educação sexista e machista resulta em mulheres violentadas, impedidas, agredidas e extremamente limitadas. O que, além de também não ser um resultado nada benéfico, ainda é somado ao peso das vidas femininas que serão perdidas.

Portanto, tendo em vista a saúde e a segurança dessas crianças que um dia se tornarão adultos diretamente atuantes na sociedade, eu lhe pergunto: será mesmo que toda essa discussão se resume à frase "menino veste azul e menina veste rosa?"

SEJA UMA MULHER QUE LEVANTA OUTRAS MULHERES!

SEJA UMA MULHER QUE LEVANTA OUTRAS MULHERES

Há quase 4 meses, eu terminei um relacionamento de 5 anos. Começamos a namorar com quando eu tinha 16 anos e ele, 20, e terminamos com 20 e 25 anos, respectivamente. Recentemente, eu e minha família fomos a uma pizzaria comemorar meu aniversário de 21 anos, e quem encontramos lá? Ele. Meu ex-namorado, acompanhado de alguns amigos. Entre eles, uma moça com quem ele parecia ter bastante intimidade.

Não posso negar que foi uma situação estranha. Tentamos nos acomodar a uma mesa distante da deles, mas, o espaço não era tão grande, o que nos fez permanecer mantendo contato visual inevitavelmente. Minha mãe logo percebeu que eu estava desconcertada por algum motivo, e quando os avistou no recinto, me perguntou:

– Filha, você quer ir para outro lugar?

– Não, mãe. Os espaços são públicos. Não precisamos ir embora, eu tenho que aprender a lidar com isso – respondi, firmemente.

– Então, vamos lá, hoje é um dia para se comemorar! Vamos pedir a nossa pizza? – disse meu pai, tentando me animar.

Logo depois que fizemos nosso pedido ao garçom, uma cena inesperada aconteceu. Gabriel, meu ex-namorado, levantou-se da mesa que estava compartilhando com seus amigos e chamou a moça que estava sentada ao lado dele para fazer o mesmo. Então ela se levantou, e os dois começaram a caminhar em direção ao local em que eu estava com meus pais.

– Boa noite, Emily. Boa noite, seu João. Boa noite, dona Flávia. Eu não poderia estar no mesmo local em que vocês estão sem ao menos vir cumprimentá-los. Ah, essa é a Natália. Ela é linda, não é, Emily? – Gabriel nos cumprimentou, exibindo a moça que estava o acompanhando e tentando me provocar ciúmes.

Meu pai automaticamente reagiu formando uma expressão de raiva. Minha mãe, por sua vez, exibia uma expressão de perplexidade diante da cena totalmente desnecessária. Mas, antes que um dos dois pudesse falar qualquer coisa, eu mesma respondi, afinal, a pergunta foi direcionada diretamente a mim:

– Boa noite, Gabriel. Sim, ela é linda, realmente. Mas qual o motivo da pergunta? Eu deveria me ofender com o seu comentário? Você passou 5 anos ao meu lado e não aprendeu nada sobre mim? Você não muda mesmo, não é? Qual a necessidade de fazer essa cena? Qual a necessidade de construir uma situação tão desconfortável, tanto para mim quanto para ela? – disparei, irritada.

– Boa noite, Natália. Meu nome é Emily, eu sou ex-namorada dele, mas não tenho absolutamente nada contra você, que fique claro – dirigi minhas palavras a ela.

– Acho que você já pode ir – meu pai interveio, em um claro tom de chateação.

Depois dessa situação desconfortável, confesso que foi um pouco complicado continuar as comemorações do meu aniversário com a mente livre e leve. Fiquei pensando mil coisas durante o jantar e depois também. Cheguei à conclusão de que a sociedade cultiva de maneira doentia a competitividade e o ódio entre as mulheres, e o pior de tudo: várias vezes, as próprias mulheres disseminam essa competitividade.

A pergunta de Gabriel, que foi feita utilizando um tom provocativo, reflete justamente essa posição social de incentivo à competitividade feminina. O mundo é assim, infelizmente. O mundo beneficia-se e lucra com a insegurança das mulheres. Eles nos colocam sobre um pódio de beleza, e ditam práticas e produtos que supostamente são capazes de fazer com que se movimentem nos lugares de premiação desse pódio. Se a mulher que está em terceiro lugar, fizer dieta low carb, 50 agachamentos por dia, e usar aquela tinta de cabelo, ela estará apta a tomar o espaço daquela que ocupa a posição número 1 do pódio.

E assim são construídos elogios que se sustentam na depreciação da imagem de outra mulher. Ou ainda, surgem comentários comparativos, colocando a mulher que está no terceiro lugar do pódio em embate direto com aquela que está em primeiro lugar. Produzindo, assim, uma busca doentia sobre a possibilidade de redistribuição das colocações desse pódio.

Você sabe do que estou falando, não sabe? "Fulana é incrível, se parece com aquela cantora americana que é linda demais. Ela só precisava emagrecer alguns quilos." Comparação destrutiva disfarçada de elogio bem intencionado.

Enfim, eu poderia ter respondido grosseiramente àquele comentário, poderia ter ofendido a moça, mas, sinceramente, naquele momento eu enxerguei Gabriel como uma gota d'água imersa na imensidão do meu mar. O que significa dizer que eu não poderia abalar todo o meu estado emocional, justamente no dia do meu aniversário, por conta de uma tolice boba de um homem que se comportou como um moleque adolescente ainda inconsciente sobre a vida.

E o pior de tudo é ter a certeza de que ele tem base ideológica para construir esse tipinho de cena. Todos os homens têm. A mídia está aí para os encher de criatividade: na televisão, o script de qualquer novela contém cenas de rivalidade entre mulheres – e sempre o motivo causador da rivalidade é um homem.

Na internet, temos vários perfis de mulheres nas redes sociais, blogueiras e mais blogueiras, em uma competição constante sobre quem é melhor – mais magra, mais loira, mais atraente, mais rica. E assim se incita a segregação entre as mulheres, o que fortalece a atuação do machismo na sociedade. Afinal, se nem mesmo as próprias mulheres se unirem a seu favor, quem fará isso?

Eu não sou inimiga da Natália porque ela está se envolvendo com meu ex-namorado. Eu não sou inimiga de uma mulher que é mais magra que eu. Eu não sou inimiga de uma mulher que tem os seios maiores que os meus. Eu não sou inimiga de uma mulher que tem a formação acadêmica diferente da minha. Eu não sou inimiga de uma mulher que é minha superior no trabalho. Eu não sou inimiga de uma mulher que tem mais dinheiro que eu. Eu não sou inimiga de uma mulher que já prosperou em uma área da vida que eu ainda luto para prosperar.

Eu não sou inimiga de nenhuma mulher.

Porque, para mim, está bem claro que toda essa competitividade serve apenas para elevar o ego de machos frágeis e para produzir entretenimento de baixíssima qualidade para uma parcela fútil da sociedade, que se diverte assistindo a mulheres se posicionando umas contra as outras.

Mas, definitivamente, eu não nasci para executar esse papel de coadjuvante na história da minha própria vida. Não nasci para dar cada um dos meus passos buscando a diversão de pessoas que esperam comemorar meus tropeços.

Eu nasci para ser a grande protagonista da minha própria história. E assim será.

A VERDADEIRA
MAGIA FEMININA

Existe magia no fato de ser mulher. Principalmente quando conseguimos enxergar todas as possibilidades. Quando abrimos os olhos e, com isso, percebemos o horizonte se expandir. Quando nos desprendemos das correntes que tentam nos limitar. E assim, a liberdade finalmente surge, brilhando, de dentro para fora.

Sim, existe magia na história da princesa que está sobre a sacada, que joga suas tranças para que um príncipe a liberte de seu cárcere, e assim, mostre a ela o mundo que está lá fora. Talvez ela saiba que um homem é capaz de retirá-la dali, afinal, ele tem benefícios perante a sociedade, e ela pode querer utilizar isso a seu favor. Já pensou nessa possibilidade?

Ou ainda, ela realmente está esperando por um amor avassalador que a liberte da torre, mas aprisione seu coração em uma paixão profunda e intensa. O clichê ou o revolucionário: as duas possibilidades são válidas. Ambas partem do desejo de uma mulher. Portanto, as duas opções devem ser respeitadas.

Afinal, o que é feminilidade? O que é ser uma mulher feminina? Uma vez que se constata que ser mulher é algo que apresenta inúmeras facetas, o conceito de feminilidade automaticamente deveria passar a abraçar todas as possibilidades.

Não existe um termômetro que tenha por função medir os níveis de feminilidade. Os fatores determinantes sobre a feminilidade de uma mulher não serão definidos por uma conformação corporal específica, um comportamento específico ou uma posição social específica. A feminilidade real, na verdade, é a magia que envolve as múltiplas apresentações do ser feminino.

A feminilidade não é uma ordem restrita. Não se trata de uma mulher que se comporta como a princesa dos contos de fadas, usa roupas e objetos cor de rosa e tem os cabelos longos e loiros enfeitados por uma coroa de diamantes.

Feminilidade é um conceito complexo. Ou, ao menos, deveria ser. Uma busca rápida pelo significado da palavra na internet nos apresenta o seguinte resultado:

"*Qualidade ou caráter de mulher, atitude feminina, feminilidade.*"

O que nós temos por conceito do que seria uma qualidade de mulher? Que ações se encaixam na posição e atuação feminina? Será que ocupar espaços de poder, de voz ativa, de força e de coragem, são qualidades de uma mulher? E se essas atitudes fossem incentivadas desde a infância, teríamos meninas e adolescentes conscientes de todas as suas possibilidades de atuação no futuro?

O machismo restringe as conquistas femininas a partir do momento em que restringe os sonhos, os planos, as metas das mulheres. Como uma mulher saberá que pode ser uma policial incrível, se nunca foi apresentada a essa possibilidade? Como uma mulher saberá que pode sim, realizar trabalhos comumente atribuídos à execução exclusivamente masculina, como encanação, sistemas elétricos ou construções civis, se tiver passado toda a sua vida apenas tendo em vista a execução de atividades "tipicamente femininas"?

Julgam a prostituta por vender seu corpo e dissertam ferozmente sobre seu destino óbvio e deprimente. Mas as mesmas vozes que produzem palavras de ódio e repreensão sobre a atitude dessa mulher não se interessam por transformar a sociedade até que se chegue ao ponto de que cada vez menos mulheres precisem vender a sua própria carne para sobreviver.

O caráter duvidoso ou o apreço pelo luxo e pela oportunidade financeira fácil são itens da lista de características que descrevem a visão social sobre a personalidade de qualquer mulher que se tornou prostituta. E ainda que essa mulher aparecesse, à luz do dia, usando um vestido rodado com estampa de flores, não seria feminina o suficiente, pois os traços da "vida indigna" a acompanhariam por toda parte.

Definitivamente, quem inventou o conceito clichê de "mulher feminina" jamais imaginou que as mulheres cresceriam suficientemente ao ponto de quebrar paradigmas e formular o conceito de "mulher selvagem."

A mulher selvagem, que tanto é julgada, taxada de descompensada, intensa demais e sem modos, é justamente a mulher que aprendeu que, para ser feminina, ela apenas precisa ser sincera consigo mesma. Aprendeu que pode sim subir em um scarpin nude de salto, assim como também pode subir em um skate usando um tênis velho que encontrou no armário. Ela pode usar batom vermelho ou batom nenhum. Ela pode usar um vestido amarelo singelo ou uma calça jeans folgada comprada há dez anos. Ela pode amar a vaidade, assim como também é um direito seu fingir que ela não existe.

A mulher selvagem grita ao mundo que para ela basta o conceito que tem sobre si. E afirma incisivamente que não será definida por cores, padrões estéticos, comprimentos de roupas ou itens de maquiagem. A mulher selvagem está disposta a viver a vida considerando todas as possibilidades, e não se conforma em seguir estradas restritas que levam a destinos de comum e previsível acesso.

A mulher selvagem é a libertação do ser feminino, é a reconstituição do conceito de feminilidade, é o leque de possibilidades que parte da jovem princesa que aguarda pelo ato heroico de um príncipe encantado àquela mulher que nunca nem ao menos sonhou com a hipótese de pousar uma coroa sobre a sua cabeça.

Portanto, que fique claro e registrado aqui, que qualquer mulher que comete a selvageria de desprender-se de todos os padrões que limitam seu "mais" a um monótono "é apenas isso" são mulheres fidedignas ao conceito de mulher feminina.

Afinal, já está na hora de desconstruir imagens que já passaram da validade. Já está na hora de o mundo entender que a princesa que aguarda pela chegada do príncipe encantado também pode ser uma mulher estudiosa e sagaz. Que a prostituta não é menos feminina por viver a vida da maneira como a leva, e que essa mulher é plenamente capaz de amar alguém, ainda que a sua realidade não favoreça o respeito público à sua imagem. Que os estereótipos são como roupas que não nos cabem mais. Que a piada da loira burra não tem a mínima graça. Que nem toda avó sabe fazer doce de abóbora. Que nem toda mulher nasceu com o desejo de ser mãe. Que para algumas delas, a brutalidade é a sua natureza, e que a delicadeza é um comportamento distante da sua realidade.

E que todas elas, todas, sem exceção, são mulheres dignas. A selvageria é como um grito ecoado a partir da pressão social sobre a tal feminilidade padrão, para chocar a todos e mostrar ao mundo que, dentro de um corpo feminino, existe um ser complexo e real. Que toda e qualquer formulação corporal, de cores, aromas e sabores, constituem um conceito real e, por fim, abarcante, sobre tudo aquilo que representa ser uma MULHER.

ME ADMIRE ALÉM
DO MEU CORPO

Imagine que você acabou de se tornar a primeira mulher a pisar na lua. Maravilhada com o seu feito, vai ao encontro do seu namorado, muito feliz e orgulhosa de si. No entanto, seu namorado não esboça nenhuma expressão além de um sorriso singelo sem mostrar os dentes. Posteriormente a isso, projeta uma única palavra através do pequeno espaço entre seus lábios, que estão unidos em um sorriso sem graça: Parabéns.

Foi assim que eu me senti. E até hoje, há quem diga que a minha decisão de romper o relacionamento foi precipitada e dramática. Mas eu sei o que se passa em meu coração. Sobretudo, eu tenho meus conceitos sobre a genuinidade do amor.

Não existe amor sem admiração. Admiração sobre a essência do ser, sobre seu potencial, seus desejos, seus sonhos. Para amar alguém de verdade, é preciso admirar. Esse é o termômetro do amor. Sem a admiração, o que resta é o desejo, o bem querer, a afinidade. Mas o amor... Ah, o amor precisa partir de lugares bem mais profundos.

E foi em um sábado de junho que descobri que eu amava alguém que não me amava. Foi em um sábado de junho que descobri que tudo que eu representava para ele se resumia em satisfação sexual e uma lista enorme de coisas superficiais. No final do mês de março, na época em que namorávamos, eu havia feito a prova que me permitiria ingressar no curso de mestrado. No dia anterior ao nosso encontro, sexta-feira, o resultado foi liberado e eu descobri que havia sido aprovada.

Estonteante de felicidade, decidi que faria uma surpresa ao meu namorado. Eu o convidaria para irmos juntos à festa junina tradicional da cidade interiorana próxima daqui, e lá contaria a ele sobre a minha aprovação. E toda essa movimentação que partiu de mim foi uma tentativa de nos reaproximar, após o período de três meses que eu havia passado me preparando para essa prova. Foi um período conturbado entre nós. Eu precisei ficar bastante tempo reclusa, e esse fato por vezes resultou em discussões severas. Carlos reclamava da minha falta de disponibilidade e eu reclamava da sua falta de compreensão. Reclamação por reclamação, estávamos cada vez mais distantes.

"É uma excelente oportunidade para reajustar as coisas no meu relacionamento." – Foi o que pensei.

Fiz o convite, dizendo a ele que eu tinha uma surpresa incrível para a viagem. Ele aceitou, entusiasmado. Durante o trajeto de carro, várias vezes ele me perguntou o que eu estaria aprontando para nós. E eu sempre respondendo com risadas, fazendo mistério, me divertindo, completamente entorpecida pela alegria de ter conquistado a aprovação.

Voltamos ao sábado. Chegamos na cidade lutando contra o relógio, pois o horário do início da festa estava se aproximando. Quando entramos no quarto do hotel, Carlos me deu um beijo demorado e disse:

– Então, amor, qual a surpresa? Estou ansioso!

– Vamos logo para a festa, deixe a mala aí mesmo. Na volta arrumamos tudo. Quero te contar a novidade no meio da alegria do São João! – respondi, enquanto me afastava para procurar minha escova de cabelo dentro da bolsa.

– Como assim, contar uma novidade? Eu pensei que você havia me convidado porque finalmente queria passar um tempo comigo, depois desses últimos meses que você só teve tempo para os livros. E tudo por causa dessa sua mania de não saber a hora de parar! – ele respondeu, disparando as palavras sobre mim.

Fiquei assustada com a sua resposta e, sobretudo, com o tom da sua voz. Nossas últimas discussões haviam sido tensas, porque durante o período em que eu me preparava para a prova, ele não me ofereceu nem ao menos uma palavra de apoio. Pelo contrário, tudo que partia dele eram reclamações e mais reclamações. Mas eu o amava. Eu o amava tanto que, naquele momento, eu havia decidido desconsiderar as minhas mágoas. Mas a paz durou menos tempo do que eu esperava.

– Você não precisa ser tão rude. O mestrado é muito importante para mim. E eu trouxe você até aqui porque eu queria contar a você que eu fui aprovada. Que depois desses três últimos meses complicados, estudando muito, dormindo tarde e acordando cedo, eu fui aprovada! Você não está feliz? – indaguei, já com os olhos cheios de lágrimas.

– Eu achei que você estivesse tentando me agradar. Que havia finalmente percebido o quanto foi inadimplente nos últimos tempos. Pensei que tinha comprado uma lingerie bem ousada para me pedir desculpas por todas as vezes que negou sexo por causa dessa prova ridícula. E você me trouxe aqui só para me contar que passou? O que você quer que eu diga? Quer que eu bata palmas e diga parabéns? – ele respondeu incisivo e arrogante. Suas palavras me cortaram o peito.

Esse foi o diálogo que me fez perceber, finalmente, que eu estava imersa em uma relação abusiva e não saudável. Foi quando me dei conta de que as minhas conquistas, desde as pequenas até as grandes, não importavam para ele. Ele não me admirava. Não torcia por mim. Não se alegrava com meu crescimento. A única coisa que ele queria de mim era meu corpo nu e disponível sempre que ele desejasse.

Sabe, é extremamente complicado assumir que se está em uma relação abusiva. Parece que jamais vai acontecer com você. E quando acontece, você fica tentando escapar pelas beiradas. Tentando fugir pela tangente, fechando os olhos para aquilo que está claro, bem à sua frente. Mas, naquele momento, eu compreendi, de uma vez por todas, que o amor não era recíproco.

O grande desafio foi optar pelo amor próprio e pôr um fim no relacionamento. Precisei escalar uma montanha enorme! Mas consegui. Cheguei ao topo e fixei a minha bandeira, para registrar a minha chegada.

Existe uma frase antiga, mas de sentido interessante até hoje: "Antes só do que mal acompanhada!"

A HIERARQUIA MACHISTA

A atividade, a atuação, a apresentação do corpo feminino e os seus pilares emocionais. Todas as questões colocadas na frase anterior, sofrem, ainda hoje, interferências provenientes dos vícios comportamentais de uma sociedade machista e opressora.

Não é incomum encontrar mulheres que escrevem a sua história de acordo com o roteiro estabelecido por um homem. Principalmente quando focalizamos a discussão ao grupo de mulheres heterossexuais. O comportamento físico, emocional e social de uma mulher heterossexual muitas vezes está diretamente condicionado às convicções do seu parceiro.

Ok, disso tudo eu já sabia, em teoria. Por isso estou aqui, afirmando essas palavras sem pestanejar. Porém, recentemente vivi um diálogo que me fez perceber que essa realidade não é apenas uma teoria distante. E confesso que ter me dado conta disso daquela maneira inesperada me deixou bastante pensativa. Foi o ponto de partida para que eu sentisse a necessidade de escrever esse texto.

Pois bem, era uma manhã de quinta-feira na rotina da faculdade. Estávamos lanchando, eu e algumas amigas. Dentre elas, uma mulher casada, aproximadamente 20 anos mais velha que o restante do grupo. O tema da conversa em volta da mesa era o nosso possível encontro de sexta-feira à noite. Estávamos combinando os detalhes, quando eu disse:

— Lia, você vai com a gente, não é?

– Ai, amiga, não vou. Mas não é por falta de vontade, viu. Faz tempo que eu não saio assim com algumas amigas. Na verdade, eu nem lembro quando foi a última vez em que saí para qualquer lugar sem ser acompanhada da minha família. Meu marido não vai gostar se eu for, e eu preciso respeitar isso – replicou, entristecida.

– Eu não entendo. Você me parece triste ao dizer isso. Se não é a sua vontade se excluir, por que fazer isso pela vontade de outra pessoa? Você não vai fazer nada de mais. Apenas vai se divertir um pouco com as suas amigas. Não consigo entender o que existe de tão absurdo nesse contexto simples – indaguei, incisiva.

Porém, percebi que a conversa estava tomando um rumo muito pessoal e que causava constrangimento a ela. Lia, uma mulher de pouco mais de 40 anos de idade, alta, de personalidade firme, decidida, sempre muito bem resolvida e disposta perante as nossas demandas acadêmicas, de repente se tornou uma garotinha pequena e acanhada. De repente, toda a sua magnificência se reduziu a um amontoado de chateações provenientes do fato de que ela jamais poderia juntar-se a nós em nosso passeio. Essa era uma possibilidade totalmente fora de cogitação.

E é assim que atua o machismo. Planta-se uma semente na cabeça das mulheres, desde muito jovens, e essa semente germina, crescendo e tomando todo o espaço ideológico disponível. Até chegar ao ponto em que as afirmativas machistas parecem ser a única realidade possível, a única forma de viver a vida, a forma correta, a forma digna.

E como resultado disso, temos mulheres que se aprisionam nas correntes do machismo de maneira tão intensa, ao ponto em que esses grilhões atingem o seu espaço mais íntimo. Esquecem totalmente sua individualidade, que fica perdida em uma cela dentro de si, trancafiada a sete chaves. E todas as chaves estão em posse do seu marido.

Mas o seu marido, como bom homem que é, calça as chuteiras no sábado de manhã e vai jogar pelada com os amigos.

E claro, sem jamais ter pensado em perguntar à sua esposa a sua opinião sobre o ato. Afinal, ele é homem. Ele pode. O homem compreende a importância da preservação da sua individualidade dentro de um relacionamento. Não é à toa que seu encontro periódico com os amigos é um decreto irrevogável. Totalmente essencial para a sua saúde mental e para o estabelecimento do seu bom humor. Desse modo, todos já sabem: é melhor deixar que ele vá à tal partida de futebol, se quiserem conviver com uma pessoa minimamente tranquila durante o resto da semana.

E a mulher? Por que a mulher não é incentivada a fazer o mesmo? Por que a mulher é julgada quando decide tomar a mesma atitude? Será que a mulher não tem a sua carga de estresse dentro de um relacionamento? Esteja ela inserida no mercado de trabalho ou atuando como dona de casa, será mesmo que essa mulher não tem o mesmo direito de espairecer?

O código genético feminino não dispõe de uma configuração prévia que nos torna mais aptas a lidar com as dificuldades da vida. Não existe uma resistência maior às situações desestimulantes da vida adulta no DNA feminino. Por que o mundo nos trata como se fôssemos máquinas biologicamente preparadas para exercer uma dedicação incondicional à família e ao cônjuge?

O machismo quer ensinar às mulheres qual seria a forma correta de ser mulher. Como se existisse uma só maneira, um padrão único que caracteriza as mulheres de acordo com seu subgrupo. Se você se comporta de maneira X, a interpretação óbvia é Y. Se você se veste de maneira A, a imagem óbvia é B. E assim prossegue a matemática do machismo: reduzindo a complexidade do ser humano do sexo feminino a padrões mesquinhos e vazios.

Quem são os homens e por que gostam tanto de se beneficiar da construção social machista que os coloca de pé no primeiro lugar do pódio? Segurando em suas mãos o troféu dourado brilhante, correspondente à mulher que ele escolheu para estar oficialmente ao seu lado como coadjuvante da sua história.

Ocupando o segundo lugar do pódio estão as suas mães, irmãs e filhas, as únicas mulheres que estes homens defendem publicamente – desde que elas estejam seguindo as regras de seu jogo. E, em terceiro lugar, está a sua amante, aquela mulher que existe para satisfazer os seus desejos extrafamiliares e que jamais terá seus aspectos intelectual e emocional reconhecidos, respeitados nem admirados por ele.

Eu sei que você se identificou com a configuração detalhada acima. Eu sei que você conhece um cenário que se encaixa perfeitamente com a realidade desenhada no parágrafo anterior. E eu sei também que as palavras acima só são minimamente chocantes porque foram ditas de maneira explícita. Afinal, a verdade é que, implicitamente, todos conhecem o pódio social de mulheres e a grande maioria das pessoas compactua com ele.

Mulher também é gente!

EU SEI QUE SOU
IMPERFEITA

Veja bem, eu sei que sou imperfeita. Nunca foi uma das minhas ambições me encaixar perfeitamente nos moldes que você criou. Há dias nos quais acordo feliz, sorridente e com a pele boa. Também há dias nos quais acordo intolerante até mesmo com o passarinho que canta sobre a janela, e meu cabelo está tão maltratado que eu poderia cortar uma mecha e usar para lavar a louça como se fosse palha de aço.
Quando você finalmente entender que eu não sou uma boneca fora da caixa, talvez tudo melhore entre nós. Ou não. Talvez você se desespere ao perceber que, na verdade, eu sou um ser humano como qualquer outro, e saia correndo desenfreadamente em busca de qualquer outra mulher que o insira novamente no seu cenário bobo de conto de fadas.
Meu amor, eu sou gente. Eu sofro as interferências da vida. Eu engordo, emagreço, me cuido, me descuido. Tento viver ao mesmo tempo em que procuro o sentido para a minha vida. Tento caminhar ao mesmo tempo em que tento construir meu castelo, tijolo por tijolo. Eu não sou uma princesa que foi preservada até os seus 16 anos de idade para então ser aprisionada no alto de uma torre esperando por um bravo cavalheiro que chegará a postos para resolver todos os meus problemas.
Eu sou a dona da minha vida. Da minha história, do meu corpo. E isso significa dizer que eu danço conforme a minha música. Foi o melhor jeito que encontrei para continuar dançando mesmo após a entrada e saída de tantos homens neste baile. Cravo meus pés no chão e prossigo convicta, a noite inteira: eu sei qual é o próximo passo da dança. Não preciso que alguém me guie por onde andar.

Quero companhia, é claro. Mas, se para ter companhia eu preciso me afastar de mim mesma, prefiro ficar só. Eu vejo poesia na minha luta, eu sei quem eu sou e o que eu tive de derrubar para chegar até aqui. Você não vai chegar assim, de repente, e desconfigurar tudo aquilo que eu dei meu sangue para conquistar.

Eu sou essa, meu amor. Eu sou assim. Sou doce como uma deliciosa fatia de bolo de cenoura com cobertura de chocolate, disposta sobre a mesa de um café da tarde, acompanhada de uma voluptuosa xícara de café puro, extremamente amargo. Portanto, eu sou mista. Sou complexa. Você está diante dessa refeição. Não é obrigado a consumi-la.

Mas saiba que não há opção de troca. Você tem o direito de levantar-se da mesa e buscar outro lugar onde exista alguma combinação de sabores que lhe agrade mais. Você é livre, meu bem. Mas não esqueça de que eu também sou.

CARTA AOS PAIS
E MÃES

Não faz tanto tempo, desde o dia em que estávamos passeando em família, caminhando por uma praça da cidade. Meu filho tinha aproximadamente um ano e meio de idade naquela época. Andávamos pela calçada principal da praça, onde, todo domingo, acontece uma feira livre. Artesanatos, objetos regionais, antiguidades... Os mais variados produtos estavam ali, dispostos em barracas para exposição na rua. Em uma dessas barracas, estava o objeto que chamou a atenção do meu filho: uma boneca de pano toda cor de rosa.

Estamos falando de uma criança de um ano e meio, que ao ver a boneca rosa, ficou extremamente entusiasmada e esticou os bracinhos em direção a ela, tentando pegá-la a todo custo. Foi quando a vendedora chegou à cena:

– Ela gostou da boneca, mãezinha! – disse a mulher, referindo-se ao meu filho como se ele fosse uma menina.

– Sim, ele gostou. Quanto custa? – perguntei, naturalmente.

– Ah, nossa, é um menino?! Desculpe! Temos outras opções, outras cores e temos bonecos meninos. Veja esse aqui! – ela respondeu, desconcertada, e rapidamente segurou em suas mãos um outro brinquedo de pano. Dessa vez, as cores predominantes eram preto e vermelho.

– Eu não entendi a sua preocupação. Afinal, é só um brinquedo. Eu acho que ele gostou mais da bonequinha rosa, vou deixar que ele escolha – respondi, tentando fazer com que a mulher sutilmente percebesse a lição que eu gostaria de passar com aquela situação.

Mostrei os dois brinquedos ao meu filho, simultaneamente, um em cada mão. Ele abraçou a boneca rosa carinhosamente. E não a soltou mais. Portanto, a compramos. Simples assim. Sem porém, sem cor, sem gênero.

Depois que a situação havia terminado, lembrei-me de uma das falas da vendedora, que disse, "temos bonecos meninos". O que seria um boneco menino? Algo que me pergunto até hoje.

Supondo que o tal brinquedo representasse a figura de um menino, apenas por estar vestindo roupas predominantemente pretas e vermelhas. Ainda assim, esse não seria um motivo plausível para a compreensão do gênero do brinquedo, dentro do meu contexto familiar.

Primeiro ponto: aqui, brinquedos não têm gênero. Segundo ponto: aqui, cores também não. E sempre foi assim, desde o primeiro dia de vida do meu filho, quando, na maternidade, o vestimos com uma roupinha cor de rosa.

Compreenda, não é uma questão de revolta, vontade de chamar a atenção ou qualquer coisa do tipo. Nós apenas compramos para ele as roupas que, mediante nossa compreensão, eram adequadas para um bebê recém-nascido. E a tal roupinha era quentinha, confortável, e... Bom, rosa. Qual o problema?

Entre nós, as cores sempre foram de uso livre. Portanto, meu filho não fez distinção de cor no momento de escolher o brinquedo que mais o agradava. E foi por isso que uma criança de um ano e meio abraçou uma bonequinha de pano que apenas está sendo referida ao sexo feminino neste texto, por que ele, meu filho, a compreendeu dessa forma e passou a chamá-la de "minha amiguinha."

Estou contando essa história toda com um propósito: fazê-los refletir. Até que ponto educamos nossos filhos disseminando conceitos machistas, e quais as consequências disso para a vida das crianças, meninos e meninas?

Que tipo de homem estamos construindo quando repugnamos que um menino brinque de boneca junto de uma amiguinha ou ainda, sozinho? Que tipo de mulher estamos construindo quando restringimos as suas brincadeiras aos reflexos de atividades domésticas, ao passo que não tratamos com naturalidade a curiosidade das meninas sobre carrinhos, videogames e esportes?

A educação sexista fortalece o machismo. E jamais podemos esquecer o quão prejudicial é a presença do machismo na educação das crianças. O machismo estrutural transforma as mentes amplas e brilhantes de meninos e meninas em pequenas caixas de configurações definidas por gênero. E, no final dessa conta, você por acaso já se perguntou: quem perde mais?

Pois bem. Meninos e meninas crescem e se tornam adultos, carregando consigo todas as convicções que lhes foram passadas durante o seu desenvolvimento.

Se os meninos estiverem convictos de que são sempre fortes, heróis, potentes e de que estão sempre no controle de tudo, que consequências surgirão a partir do momento em que qualquer mínimo desvio a essas convicções for apresentado? Ou ainda, algo que considero mais grave: os meninos crescem sem se desviarem dessas convicções um só centímetro. Como resultado, temos homens machistas e que oprimem a presença feminina.

E com a frase "homens machistas que oprimem a presença feminina" me refiro sim, a homens que agridem mulheres de todas as maneiras, porque nunca foram ensinados a agir de outra forma. A educação não sexista precisa ser praticada.

Ela pode salvar o estado psicológico dos meninos, transformando-os em homens mais sensíveis, respeitosos e emocionalmente inteligentes. E, por sua vez, livrar as mulheres do massacre que hoje infelizmente é uma realidade estabelecida.

Afinal, devido ao machismo, homens perdem aprendizados e homens sofrem. Mas, devido ao mesmo machismo, mulheres morrem. Portanto, essa conta não fecha. E o único jeito de transformar essa realidade de maneira eficaz a longo prazo, é iniciar uma educação não sexista desde cedo.

É mostrar aos meninos que eles podem chorar, podem sentir medo, podem brincar de boneca e podem usar cor de rosa. Sem esquecer de mostrar às meninas que elas podem ser destemidas, ousadas, que podem brincar de carrinho e que no dia de seu aniversário, podem escolher entre querer ser a princesa ou a heroína.

O sexismo mata mulheres e limita os homens. Precisamos salvar vidas e expandir horizontes.

MULHER RESILIENTE

A voz de todas as mulheres é a resiliência. É preciso resiliência para existir nesse mundo pertencendo ao universo feminino. Os obstáculos são gigantes, e tantas, tantas vezes, bem maiores do que as nossas possibilidades de ultrapassagem. A sombra proveniente da enorme montanha que se coloca à frente da vida de uma mulher pode ofuscar o seu brilho. A escuridão estremece a esperança, e o universo parece conspirar a favor da submissão feminina às determinações provenientes do machismo e de seus reflexos.

Eu sei o que é sentir como se não houvesse saídas. Eu sei o que é sentir como se não houvesse chão. Nós todas sabemos. E, independentemente dos motivos, a vida já nos colocou diante dessa armadilha. Nossos universos particulares podem ser diferentes, é verdade. Você pode ter três filhos e pagar uma funcionária para cuidar deles enquanto trabalha, eu posso ter três filhos e precisar deixar a mais velha tomando conta dos seus irmãos para que eu possa sair de casa antes de o sol nascer, todos os dias, a fim de alcançar um único salário mínimo para suprir as necessidades de uma família inteira.

Mesmo assim, quando um homem inferioriza você, humilha você, maltrata você, ele também me inferioriza, me humilha, me maltrata. Simplesmente porque aos olhos de um homem doente, eu e você somos feitas da mesma carne: carne feminina. Compreende então, que não somos inimigas?

Eu torço pela sua felicidade, pelo seu crescimento, pela sua independência. Assim como me esforço diariamente para conquistar os meus méritos. Isso não é sobre a singularidade da minha existência ou da sua. Isso é sobre a sobrevivência das mulheres, nesse mundo tão hostil à nossa permanência.

Eu não estarei completamente livre enquanto uma mulher ainda for prisioneira, física, emocional ou psicologicamente. E continuarei lutando, disseminando palavras e atitudes, ainda que mais da metade daqueles que me ouvem me recebam com hostilidade. Mulher alguma conquistou algo sem incomodar alguém. Eu não tenho medo da rejeição daqueles que não me favorecem em nada.

Mulher, compreenda, você é gigante. O seu lugar atual não é uma determinação eterna, e você não precisa se curvar diante dos julgamentos e estereótipos. A dona da sua história é você. Somente você. Mais ninguém.

Você sabe o preço que paga. Você sabe qual a sensação de ser a única mulher no vagão do metrô, acompanhada de três homens que nunca viu na vida, às 22 horas, enquanto volta da sua faculdade ou do seu emprego. Você sabe o preço de cada gota d'água que rega o canteiro dos seus sonhos. Seus sonhos são seus patrimônios mais valiosos, não permita que a amargura da vida os leve embora.

É cansativo, eu sei. Ter de ser forte, obrigatoriamente, todos os dias. Ter de se preocupar com detalhes minuciosos antes de sair de casa, como o decote da sua camiseta ou o cumprimento da sua saia, pois estes podem ser motivos de um transtorno capaz de colocar a sua vida em risco.

Porém, perceba. Essa é uma luta de todas. Se você olhar para trás, será capaz de perceber todas aquelas que se foram, cravando batalhas, vencendo e perdendo, para que fosse possível avançar ao menos um só passo. E se olhar para seus lados, você vai encontrar uma legião de mulheres que vivem os mesmos dilemas e que batalham pelas mesmas vitórias.

Quando se sentir só, lembre-se: a sua dor é a minha dor. A sua vitória é a minha vitória. O seu sonho é o meu sonho. E a sua conquista é a minha conquista.

Estamos aqui, há vários anos. Estamos juntas. E falando a uma só voz.

Estamos em uníssono.

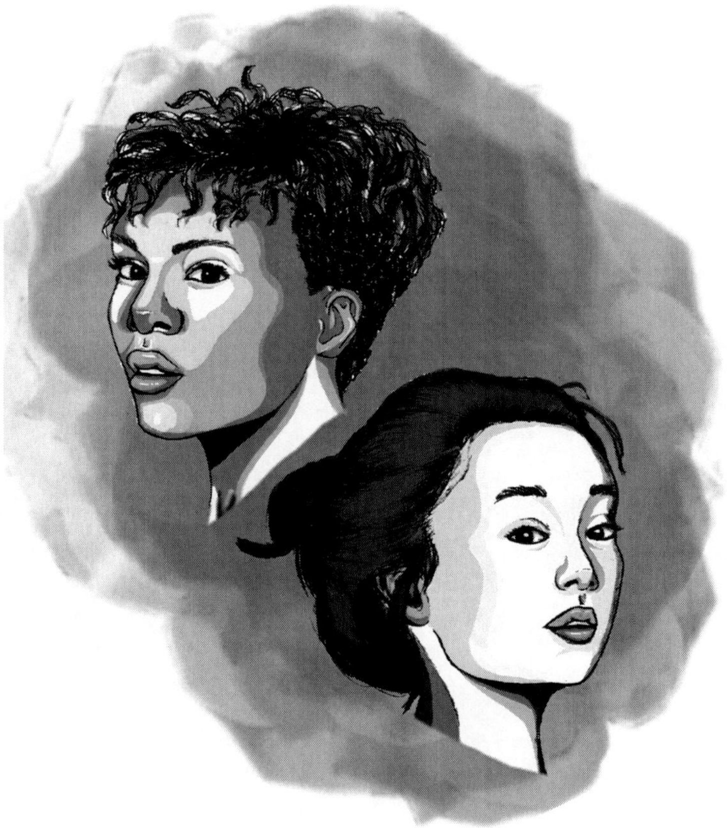

NOTA FINAL

Dedico este livro à
Marie Curie, revolucionária.
Clarisse Lispector, eternamente inspiradora.
Frida Kahlo, lendária.
Bessie Coleman, histórica.
Anne Frank, eterna.
Marielle Franco, presente.
Cristina Parlandin, incansável.
Maria Enid Parlandin, sobrevivente.
Com carinho, de uma mulher que escreve,
Yasmin Parlandin dos Santos.

- editoraletramento
- editoraletramento
- grupoletramento
- casadodireito.com

- editoraletramento.com.br
- company/grupoeditorialletramento
- contato@editoraletramento.com.br
- casadodireitoed
- casadodireito

Grupo Editorial
LETRAMENTO